[日]铃木俊隆 著

杨滢玮 译

禅者的初心 2

并非总是如此
践行禅的真正精神

团结出版社

图书在版编目（ＣＩＰ）数据

禅者的初心 /（日）铃木俊隆著；杨滢玮译.

北京：团结出版社，2025. 3.　　ISBN 978-7-5234
-1270-1

Ⅰ . B946.5-49

中国国家版本馆 CIP 数据核字第 2024LB4360 号

责任编辑：夏明亮
封面设计：宋　萍

出　版：团结出版社
　　　　　（北京市东城区东皇城根南街 84 号　邮编：100006）
电　话：（010）65228880　65244790
网　址：http://www.tjpress.com
E-mail：zb65244790@vip.163.com
经　销：全国新华书店
印　装：北京天宇万达印刷有限公司

开　本：128mm×183mm　　32 开
印　张：12.25　　　　　　字　数：190 千字
版　次：2025 年 3 月 第 1 版　印　次：2025 年 3 月 第 1 次印刷

书　号：978-7-5234-1270-1
定　价：78.00 元（全二册）

目 录

001 **第一部分**
  只管打坐：完全活在每个当下

003 内心的平静

007 充分地表达自己

012 超然物外的自在

018 从百尺竿头上一跃而下

025 改变自己的业力

031 享受人生

037 像大象一样行走

041 **第二部分**
  虚空的来信

043 虚空的来信

050 糙米正好

053 如厕的禅道

060 关心土壤

062 日常生活就像一场电影

067   恢复大心

073   凡夫心与佛心

079   **第三部分**
            修 禅

081   从内心获得护持

086   开启直觉

089   自己去探寻

095   对自己慈悲

100   恭敬万物

105   遵守戒律

111   纯净之丝，锐利之铁

117   **第四部分**
            并非总是如此

119   并非总是如此

125   实相的直接体验

131   专注

137   处处与自己相逢

142   万物的主人

148   真诚的修行

155   与万物合一

161　**第五部分**
　　　　无论你身在何处，觉悟自在其中

163　处处皆是悟处

168　不执着于开悟

172　只为你而说的教法

178　扶地而起

184　问题刚好足够

189　日面佛，月面佛

195　像青蛙一样打坐

第一部分
只管打坐：完全活在每个当下

"当我们无所期盼时，我们才能做回自己。这就是我们的禅道——完全活在每个当下。"

内心的平静

"内心的平静就在你把气呼尽之后，因此，如果你呼气平顺流畅而不刻意，你就会进入一种内心完全平静的境界之中。"

"只管打坐"即是坐禅，就是做我们自己。当我们无所期盼时，我们才能做回自己。这就是我们的修行之道——完全活在每个当下。这种修行要一直坚持下去。

虽然我们说"每个当下"，但在你的实际修行中，所谓的"当下"显得太长了，因为在那个"当下"，你的心已经开始跟随着呼吸。所以我们说："即使在一弹指间，也有上百万个瞬间。"这样，我们便能强调活在每个瞬间的感受，于是我们的内心会非常安静。

所以，每天试着抽出一段时间来进行"只管打坐"的修行，坐着不动，不去期待任何事物，就像你正处于生命

的最后一刻。你时时刻刻都在感受自己生命的最后一瞬
间。在你一呼一吸之间就包含无数的瞬间，而你的目的
就是要活在每个瞬间。

　　首先，练习顺畅地呼气，然后吸气。内心的平静就
在你把气呼尽之后。如果你呼气平顺流畅而不刻意，你
就会进入一种内心完全平静的境界之中。当你这样去呼
气，你自然就会从此境界中开始吸气。新鲜的血液在全
身流动，将外界的一切带进体内，你感到整个人精神焕
发。然后你开始呼气，把那种新鲜的感觉延伸到虚空之
中。这样，你每时每刻都继续"只管打坐"，无须刻意做
任何事情。

　　要完全做到"只管打坐"可能很困难，因为盘腿打
坐会让你感觉双腿疼痛。但即使双腿疼痛，你还是可以
做到的。哪怕你坐禅坐得不够好，你还是可以做到的。你
的呼吸会渐渐消失，你自己也会渐渐消失在虚空之中。无
须用力地吸气，你自然就回到那个有着形相的自己。当你
呼气时，你又渐渐地消失在虚空之中，一片空寂，如白纸
一般。这就是"只管打坐"。重点在于呼气。我们要在呼
气时体会自己消失在虚空之中，而不要在吸气时去感受
自己的存在。

如果你在生命的最后一刻践行此法，你就没有什么好害怕的了。实际上，你的目标是达到空的境界。当你带着这种感觉把气呼尽之后，你就与万物融为一体了。如果你还活着，自然会再度吸气。你可能心想："哦，我还活着，真幸运（或真不幸）！"然后你开始呼气，并消失在虚空之中。也许你不知道那是一种什么样的感觉，但诸位当中有些人能体会到。你一定在偶然之中有过这种感觉。

当你这样去修行时，就不会轻易地生气。但如果你更在意吸气而不是呼气，你就会很容易生气。你总是努力地让自己活着。前几天，我的朋友心脏病发作，他只能呼气，却不能吸气。他说那是一种可怕的感觉。在那一刻，如果他能像我们这样去练习呼气，以求达到空的境界，他就不会那么难受了。对我们来说，最大的喜悦是呼气，而不是吸气。当我的朋友不断试着吸气时，他以为自己无法再吸气了；如果他能顺畅而彻底地呼气，那么吸下一口气时就会更轻松一些。

关注呼气是非常重要的。死去比努力求生更为重要。当我们总是努力让自己活着的时候，我们就会产生烦恼。如果我们能平静地死去或消失在虚空之中，而不是努力让自己活着或保持活跃，那么我们自然会没事的，佛陀会护佑我们。因为我们不在母亲的怀里了，便觉得自己不再是她的孩子。可是，消失在虚空之中的感觉就像是在母亲的怀里一样，仿佛她会照顾我们。我们每时每刻都不要丢失"只管打坐"这种修行。

各种法门的修行都包含在这一点之中。当人们称念"南无阿弥陀佛，南无阿弥陀佛"时，他们希望成为阿弥陀佛的孩子，这就是他们反复称念阿弥陀佛名号的原因。我们坐禅也是同一个道理。如果我们懂得如何修习"只管打坐"，而他们懂得如何称念阿弥陀佛的名号，这两种修行就没有分别。

因此，我们自得其乐，身心自在。我们可以自如地展现自己，因为我们已经准备好消失在虚空之中。如果我们努力地保持活跃，要与众不同，要实现某个目标，我们就无法展现真正的自己。这时，"小我"会表露出来，而"大我"就不会从"空"中显现。只有广大的自性会从"空"中显现。这就是"只管打坐"，明白了吗？如果你们真的试着去修习，它其实并没有那么难。

谢谢各位。

充分地表达自己

"如果你认为表达自己的最佳方式就是做自己想做的事，随心所欲地行事，那你就大错特错了。这不是表达自己。如果你确切地知道该做什么，然后付诸行动，你就可以充分地表达自己。"

当你完全地活在每个当下，心中无所期盼，你就不会有时间的概念。当你有了时间的概念，有了"今天""明天"或者"明年"这些想法时，自私的修行就开始了。各种欲望开始作怪。你可能会想自己应该出家，或者为自己下一步该做什么而发愁。当你试图成为另一个人时，你就忘记了修行，也失去了功德。而如果你安守本分，那个真正的你就在当下。这是非常重要的一点。

当你没有了时间的概念，你的修行就会一直持续下去。这样，你时时刻刻都成为你自己。这种修行并不容易，你可能连一炷香的时间也坚持不了。你需要下很大的功夫。然后，你可以不断地练习延长这种感觉，最终延伸到你的日常生活之中。

要延续你的修行，就要展露自己的本来面目，而不要去成为别人。当你对自己诚实而且足够勇敢时，你就能充分地表达自己。不管别人怎么想，都没有关系。只需做你自己，至少在你的老师面前做回你自己。这才是你真实的修行，才是你真实的生活。除非你能相信你的老师，否则这很难做到；但如果你发现你和老师志同道合，你就会有足够的勇气继续以这种方式修行。

有时你不得不跟老师争论，那没有关系。但当你意识到自己错了，发现自己愚蠢地执持某一观点或者在找借口时，你应该尝试去理解他，并准备好放弃自己的争论。这就是对自己诚实的方法。然后，你才能真正放下，并说："好吧，我错了。对不起。"

你和你的老师都希望彼此之间能进行完美的沟通。对于老师来说，最重要的一点就是要始终准备好对徒弟让步。当老师意识到自己错了，他会说："哦，你是对的，是我错了。"如果你的老师有这种精神，你也会勇于承认自己的错误，即使这并不容易。如果你坚持这种修行，人们可能会说："你疯了，你有问题吧！"但这没有关系。

我们并不一样，我们每个人都不相同，而且各人都有自己的问题。幸运的是，你有同参道友的支持。这不是一把雨伞，能为你遮风挡雨，而是一处你能真正修行的场所，即一个你可以充分表达自己的空间。你可以睁开双眼去欣赏别人的修持，你会发现你可以不用语言去进行沟通。

我们的修行之道是不去批评他人，而是去了解和欣赏他人。有时，你会觉得自己太了解某人了，所以很难去欣赏他，这是因为你的小心量在起作用。如果你们坚持一起修行，你的心量就会拓宽，能够表露自己且接纳他人，你们自然会成为好朋友。了解你的朋友，就是了解一些自己以外的事情，甚至是了解一些你朋友以外的事情。

你们可能会说，你们坐禅的时候，没有人能知道你们修行得如何。但对我而言，那是了解你们的最佳时机。当你们面壁而坐时，我从背后看你们，这样特别容易了解到你们修行的情况。有时，我在禅堂里四处走动，以便能看清你们每个人。这非常有趣。如果你们在跳舞、谈话或者大声喧哗，我是很难了解你们的；但当大家一起打坐，你们每个人都有自己的坐姿。

　　如果你认为表达自己的最佳方式就是做自己想做的事，随心所欲地行事，那你就大错特错了，这不是表达自己。如果你有多种表达自己的方式，你却不知道该做什么，你的言行就会显得很肤浅。但如果你确切地知道该做什么，并付诸行动，你就能充分地表达自己。

　　这就是我们要遵循一定形式的原因。你们可能会认为，你们无法在特定形式中表现自己，但当你们一起禅修时，强壮的人会以强壮的方式来表现自己，而和善的人则会以和善的方式来表现自己。当你们在进行课诵仪轨期间传递经本时，你们每个人都以自己的方式去做这件事，你们之间的不同之处很容易就能看出来，因为形式是一样的。而由于我们一次又一次地重复同一个动作，我们最终就能了解我们的朋友传递经本的方式。哪怕我们闭上眼睛，我们也知道那是某某人。这就是我们有规矩和仪轨的好处。

　　缺乏这种修行，你与别人的关系就会十分浅薄。如果某人穿了一件漂亮的僧袍（此时铃木禅师抚弄着自己的僧袍笑了），你就会认为他一定是位高僧。如果某人送给你一个漂亮的物件，你就会认为他很和善，是个大好人。这种认识并不全面。

我们的社会通常以一种粗浅、轻浮的方式在运作，控制权掌握在有钱人或大人物的手中。我们或耳目闭塞，或眼耳不够敏锐，无法见闻事物的真相。大多数到访禅修中心的人会觉得这是个奇怪的地方，心中纳闷："他们不大说话，也不笑，他们究竟在做什么？"那些习惯了喧闹的人可能不会注意到，我们无需过多的言语也可以进行交流。我们可能不会经常微笑，但我们可以感知他人的感受。我们的心总是敞开的，能充分地表达自己。

我们可以把这种修行延伸到都市生活中，与他人成为好朋友。当你决定要对自己诚实，充分地表达自己而无所期盼时，这便不是一件很难的事。只需做你自己，随时准备好理解他人。这就是把修行延伸到日常生活中的方法。

我们不知道未来会发生什么。如果你无法在每个当下充分地表达自己，以后你可能会后悔。因为你期盼着未来的某个时日，你就错失了当下的机会，你也会被朋友误解。充分地表达自己吧，不要等待。

谢谢各位。

超然物外的自在

"当你能进行禅修,体会什么是'只管打坐',
那么你日常生活的意义就全然不同了。你会得到一种
超然物外的自在。"

我在大约两年前差点溺水,此后我"只管打坐"或
坐禅的修行发生了改变。当时我想蹚过塔萨亚拉的那条
小溪。我实际上不会游泳,但学生们在那溪水中玩得兴
致勃勃,我就想加入他们。那边有许多漂亮的姑娘,所以
我努力地游过去,却忘了自己不会游泳,于是我差点溺
水。但我知道我不会就这么死去。

我知道自己不会淹死,因为那里有许多学生,一定
会有人救我,所以我没有把它太当一回事。但溺水的感
觉太难受了。我当时在呛水,于是伸出双臂希望有人能抓
住我,但没有人帮我。我决定沉到底部,尝试走过去,但

也不行。我既无法沉到底部，也无法游出水面。我只看到那些漂亮姑娘的腿，但又无法抓住她们的腿，所以我相当害怕。

那时我才意识到，只有当我们很认真的时候，修行才能修得好。因为我知道自己不会死，所以我就没那么认真，正因为我没有认真对待，就吃了苦头。如果我知道自己快要死了，我就不会再挣扎，而是保持静止不动。因为我认为我还有下一刻，我就没有认真地对待当下。自那以后，我的修行就提升了。如今，我对自己的修行有了信心，所以才告诉你们，我是怎么去修习"只管打坐"的。

那是一次很有意思的经历。我身处漂亮的姑娘当中，但她们救不了我。而且，你们也知道，我快要步向死亡是由于我身体的疾病，而不是因为溺水。在我垂死之际，各种邪魔和美女都会很乐意陪在我身边，我也会很乐意和他们在一起。万物与我们同在，只要我们不为一切所扰动，我们也会很乐意与万物同在。我们一般很难有这种体会，因为我们总是心有所求，期盼着未来能有所改善。

如果你不去想下一刻，你自然就能接受事物的本来面目,你就能看清事物的原貌。那时,你就会得到圆满的智慧。当你能进行禅修,体验"只管打坐",那么你日常生活的意义就全然不同了。你会体会到一种超然物外的自在。这才是重点。通常,你会被自己所拥有的和所看到的事物束缚住,但当你去体会"只管打坐",你就会从事物中解脱出来,获得自由。你会真正地享受你的人生,因为你不执着于任何事物。

你会变得非常快乐,而且这种快乐会延续,这就是我们所说的"无执"境界。大多数你所拥有的快乐,在失去之后你就会感到遗憾,你会说:"啊,我当时多么快乐,但我现在不快乐了。"可是,真正的快乐会一直与你同在,并会在顺境和逆境中给予你鼓舞。当你获得成功时,你可以享受成功的滋味;当你失败时,那也没关系,你可以体会失败的感受,并对自己说:"这还好,没有我想得那么糟糕!"你会感到自己很丰足,不会像以前那样有太多的欲望。

如果你遇到了巨大的困难,就像尼泊尔的大山,似乎没有路可以通行,而你知道一定有路可以翻过这座山。即使是一百天的禅修摄心也不会很难度过。哪怕你死了,也不会有什么事情发生,没有关系的。因此,你总是快快乐乐的，不会感到沮丧。你所选择的这种生活将会很不一样。在你踏上正确的修行之路以前，你可能总想要些大的、美的东西：美国的第一禅院、世界的第一禅院，甚至比日本的禅院还要好。但当你懂得了正确的修行之道后，你所选择的事物和生活方式就不一样了。

我有时会做很严肃的开示。我强调艰苦的修行："不要期待下一刻。""不要动！"我很抱歉，但我不得不这么说，因为你们的修行看起来是那么虚弱无力，我希望能让你们强大起来。实际上，你们修得不好也没有关系，但如果你们不严于律己，又缺乏信心，坐禅就不是坐禅了，这是没有用的。要使修行不断深入，靠的是日复一日地用功打坐。

中国和日本有许多故事记载了禅师们顿悟的过程，就像这样："嗨！"（禅师笑着打了个响指）你可能会认为那是突然开悟，但实际上，那是多年修行和多次失败后的结果。对此，道元禅师有句名言："射中靶心是九十九次失败后的结果。"最后一支箭射中了靶心，但那是经历了九十九次失败后才取得的结果。所以，失败其实没有关系。

每次射箭时，你都要充满信心，那么你就一定能射中靶心。你要想："九十九次失败没有关系。我会继续试着击中靶心。"每一次坐禅，要尽力而为。你也许会想，坐禅就是盘腿四十分钟，但最重要的一点是竭尽全力，全身心地投入其中。

专注于你的呼吸。当你呼吸不当时，做体力活儿就很艰难。即使你做针线活儿，呼吸也应当跟随着你的活动。当你提重物时，你的呼吸应该完全协调，否则你就提不起来。要做到呼吸得当并不那么容易，你需要坐姿正确，并且结好手印，因为你的手印反映了你的心理状态。如果你的脊柱不挺直，你的呼吸就不够深沉。当然，这需要时间去提高你身心各方面的功夫。

只有当你的身心完全和谐统一时，你才会开悟。如果你不能接受你的体验，你就无法体会到开悟。换句话说，当你的身心完全合一时，开悟自在其中。此时你的所闻所思，皆是开悟。因此，使人们开悟的不是石头击中竹子的声音或梅花的颜色，而是他们的修行。你在日常生活中总有许多开悟的机会。比如，你去洗手间就有机会开悟；你做饭时就有机会开悟；你清洁地板时也有机会开悟。

因此，不管你做什么，只管去做，不要期待任何人来帮忙。不要因为寻找庇护而破坏了自己修行的功夫。保护好自己，努力向上生长，直上云霄，仅此而已。但这有点不太寻常，是吧？也许我们是傻子。有的人可能会认为我们是傻子，而我们则会认为他们是傻子。这也无妨，我们很快就会知道谁才是傻子。

谢谢各位。

从百尺竿头上一跃而下

"所以，秘诀就在于说一声'好的'，然后从这里跳下去，那就没有问题了。这是指做你自己，始终做你自己，而不要执着于陈旧的自我。"

既然我们已具有佛性，为什么还要修禅？道元禅师去中国拜会天童如净禅师[1]之前就在思考这个重要的问题。这可不是个简单的问题。但首先，我们说"众生皆有佛性"这句话是什么意思。

一般的理解是，佛性是我们本有的，我们之所以会做某些事情，就是出于这一本性。如果那里有一棵植物，在它长出来之前，那里必定有一颗种子。有的花是红色

1.天童如净禅师（1163—1228），宋朝人，强调以坐禅为修禅方法，主张以心传心，见心成佛，被尊为曹洞宗第十三祖。——译者注

的，有的花是黄色的，这是由它们的本质决定的。我们大多数人都是这样去理解的，但这不是道元禅师的看法。这种本质只是你心里的一种想法。

我们本来就具有佛性，为什么还要修行？我们可能会认为，佛性只有在我们修行和消除各种自私自利的欲望后才会显现。

而在道元禅师看来，这种理解源于你对事物的观察不够清晰。他认为，只有当某个事物显现时，那才是佛性的实相。我们有时会称之为"佛性"，有时会说"开悟"或"菩提"、"佛"或"成就"。我们不仅用这些词来称呼"佛性"，有时还会把它称作"邪恶的欲望"。我们也许会称它为"邪恶的欲望"，但对佛陀而言，那就是佛性。

同样，有些人会认为，在家居上和出家僧人有着根本的区别，但实际上，出家人不是某个特别的人。你们人人都可以是出家人，而我也可以是个在家人。我是出家人，是因为我穿着僧袍，言行举止也像出家人而已。在本性上，出家人和在家人没有区别。

不管你怎么称呼它，那都是同一个实相的另一个称谓而已。即使你把它叫作高山或河流，那也只是同一个实相的另一个称谓。当我们认识到这一点，我们就不会被

"本性""佛果"或"佛境"之类的词语所迷惑。我们要以清晰的思维去看待万物,我们要这样去理解佛性。

"邪恶的欲望"是佛性的另一个名字。当我们坐禅时,邪恶的欲望从何而来?在坐禅之中,邪恶的欲望没有栖身之所。然而,我们还是会认为应该要彻底斩除邪恶的欲望。为什么有这种想法?因为你想消除邪恶的欲望,从而彰显自己的佛性,但你要把邪恶的欲望扔到哪里去?如果我们认为邪恶的欲望是我们能够摒弃的东西,那就是外道的看法。邪恶的欲望只是我们所用的一个称呼而已,根本就没有我们能够抽离并舍弃掉的那个东西存在。

你可能会觉得我好像在糊弄你,但其实不然。这不是什么可笑的事情。当我们谈到这一点,我们有必要去理解"只管打坐"这种修行。

有一则著名的公案讲一个人爬上了百尺竿头[1]。如果他停留在竿头上,他就无法开悟;而当他从竿头上一跃

1.该公案出自宋·释道原《五灯会元·长沙景岑禅师》:"百尺竿头不动人,虽然得入未为真。百尺竿头须进步,十方世界是全身。"成语"百尺竿头"就是由此而来,比喻不满足已有的成就,要继续攀登努力,更求上进。此处铃木禅师就此公案给出自己的见解。——译者注

而下,他可能就开悟了。我们如何理解这则公案,就是我们如何理解修行之道。我们之所以认为要把邪恶的欲望清除掉,是因为我们停留在竿头上,于是我们就有了烦恼。实际上根本就没有竿头,那竹竿一直向上延伸,所以你不能停留在那里。但如果你有过某些开悟的经验,你可能会以为自己可以在那里休息一下,在竿头上观看各种风景。

万物在不断地转化为其他的事物,没有哪种东西能以自己的形相一直存在。当你认为"这里是竹竿顶部",那么你就面临要不要跳下去的问题。可是你不能从这里跳下去。那已经是个误解,是不可能的。即使你试图停留在竿头上,也是办不到的,因为竹竿在不断地向上生长。

这就是问题所在。所以,抛开止步于百尺竿头的想法吧。要把竹竿的顶部忘掉,就是要活在当下所在之处。无需这样或那样,也不要活在过去或未来,而只需在此处。你们明白了吗?这就是"只管打坐"。

忘记此刻,进入下一刻,这是唯一的方法。比如,当早餐准备好了,我的太太就会敲打木板。如果我不作回应,她就会一直敲打,直到我想发火。这个问题很简单,

就是因为我没有回应她。如果我说一声"好的",就什么
问题也没有了。因为我没说"好的",她就一直叫我,因
为她不知道我听见了没有。

有时她可能会想:"他知道的,但他就是不作回
应。"当我不作回应的时候,我就如同在竿头上。我不愿
意跳下去,自认为在竿头上有些重要的事情需要做。我
会想:"你不应该叫我,你应该等一等。"或者想:"这很
重要!我在竿头上呢!你难道不知道吗?"然后她就会一
直敲打木板。问题就是这样制造出来的。

因此,秘诀就在于说一声"好的",然后从这里跳下
去,那就不会有问题了。这是指你要在当下这一刻做你自
己,始终做你自己,而不要执着于陈旧的自我。你要把自
己统统忘掉,整个人为之一新。你是一个新的自我,在当
下这个自我变成陈旧的自我之前,你要说"好的",然后
走到厨房吃早餐。因此,每个当下的要点就是忘记这个
点,并将修行延续下去。

正如道元禅师所说:"研究佛法就是研究自己。"研
究自己就要在每个当下忘掉自己。那么,一切事物都会
来帮你,助你开悟。当我说"好的",我的太太就会助我
开悟。"啊,你真听话!"但如果我执着于这句话,我就

会制造出另一个问题。

因此，只需专注于每个当下，真正地做你自己。这一刻，佛性在哪里？佛性就是当你说"好的"，这声"好的"就是佛性本身。你以为自己内在拥有的佛性并不是佛性。当你成为你自己，也就是当你全然忘掉你自己，并说"好的"，那才是佛性。

这个佛性并不是在未来才会显现，而是已在此处。如果你对佛性只有一个概念，那没有任何意义；这是一个画出来的米糕，而不是真正的米糕。如果你想看看米糕的真实模样，你应该趁它还在的时候去看。所以，我们修行的目的只是要做你自己。当你成了真正的自己，你就会真正开悟。如果你要停留在你已经达到的境界里，那不是真正的开悟。

有时，当你陷入错误的修行中时，你会笑自己。"啊！我在做什么？"当你明白修行是进进退退的，你就会享受修行。真正的慈悲或爱心、真实的鼓舞或勇气会由此而生，你就会变成一个非常仁慈的人。

佛门说："一法遍含一切法。"这是指一种法就像海浪一样包含了许多功德。当你这样去修行，你就变得像一块石头、一棵树或者一片海洋，你含藏了一切。持续修行是必要的，所以不要停歇。如何坚持下去？这就要有一颗宽宏、广大、柔软的心，要圆融而不执着。以这种方式修行，你就无须担心任何事情，也无须对任何事情置之不理。这就是"道"的严谨之处。当我们无所畏惧时，我们就能泰然自若。

完全专注于你所做的事情，这就是单纯。修行之美就在于它能无限地延伸，永无止境。你不能说我们的修行之道很容易或者很难。它一点也不难，每个人都能做到，但要坚持下去就相当困难。你们说不是吗？

谢谢各位。

改变自己的业力

"最好的方法就是了解严谨的业力法则，然后立即改变自己的业力。"

当你遇到大问题时，你就会变得非常严肃，却没有意识到自己一直在制造问题。当你遇到小问题时，你会想："哎，这没什么大不了的，我很容易就能把它处理好。"当你这么想的时候，其实自己还不知道该如何处理这个问题。

前几天，立发禅师（Tatsugami Roshi）说："老虎会用尽全力去抓一只老鼠。"老虎并不轻视任何一只小动物。它抓老鼠的方式和它抓住并吞噬一头母牛的方式是一样的。但通常，虽然你有许许多多的问题，但你认为那都只是些小问题，所以你觉得没有必要竭尽全力去应对。

这也是许多国家在处理国际问题时的做法，他们认为："这是小问题，只要我们不违反国际条约，那就行了；只要我们不使用原子武器，我们就能作战。"但是那样的小型战事最终会导致大型的战争。因此，即使你在日常生活中遇到的问题都很小，除非你知道如何解决这些问题，否则你将来就会碰到巨大的难题。这就是业力的定律。业力从小事开始，但由于你轻视它，恶业就会加速形成。

我最近读了一些佛陀对"道"的开示：

"各位比丘，你要约束自己的种种欲望，在接受饮食供养的时候，应当像吃药治病一样。不要以自己的喜好来接受或拒绝别人供养的饮食。食物只是用来维持我们的肉身，免受饥渴。就如同蜜蜂采蜜一样，只品尝花朵的味道，但不会损伤其颜色和香气。所以各位比丘，你们可以接受足够的供养，以避免饥渴难忍的苦恼。不要过多索求，伤害供养者的善心。就好比智者，先衡量牲畜的力气大小，不让它们负荷过重而导致精疲力竭。"[1]

"你要约束自己的种种欲望"，这句话其实并不关乎欲望的大小或多少的问题，而是指要摆脱这些欲望。少欲就意味着不要把我们的注意力分散给太多的事情。做事情要一心一意，带着真诚心，这就是"少欲"的含义。

"在接受饮食供养的时候，应当像吃药治病一样。"这是指要专注，要全身心地去接受，而不要有"你"和"食物"这些二元对立的思维。因此，我们是"收下"或"接受"食物，而不是"拿取"食物。"拿取"偏向于二元对立思维，而"接受"则是更为完整的一个动作。你可能会认为"拿取"比"接受"更像一个完整的动作。但根据佛陀的教导，拿取食物并不包括全然的接纳。因为有了二元对立的思维，你就会造业。你也许想拿走这些食物，因为其他人也想拿，所以你必须要动作迅速！但当你

1.出自《佛遗教经》（又名《佛垂般涅盘略说教诫经》），佛陀在涅槃前告诫弟子："汝等比丘！受诸饮食，当如服药，于好于恶，勿生增减。趣得支身，以除饥渴。如蜂采华，但取其味，不损色香。比丘亦尔，受人供养，趣自除恼，无得多求，坏其善心。譬如智者，筹量牛力所堪多少，不令过分以竭其力。"——译者注

收下它，你就已经拥有了它，如果你怀着极大的感恩之心来接受这些供养，对供养者报以感谢之词，这就是佛陀所说的约束欲望的真正行动。

"不要以自己的喜好来接受或拒绝别人供养的饮食。"这样去接受或拒绝又是二元思维的表现。这种教导并不是说要控制你的欲望。如果你想要控制自己的欲望，你就会为需要在多大程度上控制自己的欲望而费心思，这样你就会制造出更多的问题，源源不绝。你可能还会找到一些很好的借口，以便让自己获得更多的食物，那样你就会失了道心。

"食物只是用来维持我们的肉身，免受饥渴。"如果你知道如何坐禅，那么你就会知道要取用多少食物，而不会因为吃得太多或太少而产生危害。

"就如同蜜蜂采蜜一样，只品尝花朵的味道，但不会损伤其颜色和香气。"这是一个很有名的譬喻。如果我们采蜜是因为花的美艳和芳香，我们就错失了这朵花的真实味道。当你观照自己和花儿时，你就能直接感受到这朵花，并尝到其花蜜的滋味。我们通常没有那么小心，可能会毁了一朵美丽的花儿，或者会执着于某一朵花。如果我们太过执着，最终这朵花就会死去。花之所以有花蜜是为了吸引蜜蜂，帮助这株植物繁殖。因此，我们要知道我们自己究竟是像一只蜜蜂，还是像别的东西。当我们觉察到自己所制造出的种种难题，我们就能更小心谨慎地将修行延伸到日常生活之中。

我们的心应该更仔细、更专注、更深入地去思维。你可能会认为我们的禅法对如何对待万物有太多的规矩，但在你弄清楚自己在做什么之前，你不能说规矩太多。因此，要注意自己在日常生活中是否制造问题，为自己和他人造下了恶业。你也应该知道自己现在为何受苦。你受苦是有原因的，除非你改变了自己的业力，否则你无法逃脱苦报。

当你遵循业力的定律，并把业力往好的方向牵引时，你就能免受业力带来的恶果。通过观察业力的性质、你的欲望和行动的性质，你就能做到这一点。正如佛陀所说的，了解受苦的原因，就是了解如何离苦。如果你研究自己为何受苦，你就会懂得因果的道理，恶行会招致恶业。因为你懂得了这个道理，你就能免受业力产生的恶果。

只要我们还有一个自我的观念，业力就有了作用的对象，因此，最好的方法就是让业力作用于虚空。如果我们没有了自我的观念，业力就不知道该做什么了，"我的同伴去哪了，我的朋友去哪了"？有的人努力地想消除业力，但我认为那是不可能的。最好的方法就是了解严谨的业力法则，然后立即改变自己的业力。

如果你知道你的车出了问题，那就立即停车，把它修理好。但我们通常不是这么做的，我们可能会说："噢，这对我的车来说是个小问题，它还能开。走吧！"这不是我们的修行之道。即使我们的车能继续开，我们也应该非常谨慎地照顾车子。如果你把车子开到了极限，你车子的问题就会不断加剧，最后无法前进。这会儿再去修理可能为时已晚，而且需要耗费更多的精力。

因此，日常的养护非常重要，这样你才能摆脱自己错误的见解，并知道自己实际在做什么。

谢谢各位。

享受人生

"唯一的方法就是享受你的人生。即使你在修习坐禅,像蜗牛一样数着自己的呼吸,你也能享受人生,这可能比登月之旅更令人欢喜。这就是我们禅修的原因。你拥有何种生活并不重要,最重要的是能享受生活,而不被一切事物所迷惑。"

如果你去图书馆,会看到许多书籍,你会发现人类的知识是如此浩瀚,根本学不完。如今,有人要登上月球[1],实际上,我不知道要如何到月球上去,也不知道到了月球上会有什么样的感觉。在我看来,这并不是一件那么有趣的事情。

我想谈谈月球之旅,但我还没有时间去研究这件事

1. 此篇开示讲于1969年7月20日,即阿波罗11号登陆月球的当天。

情。所以，如果我讲月球之旅的事情，你可能会想："他真是无知。"我今天或明天见到的人可能会滔滔不绝地谈论起登月之旅的事情，好像他们什么都知道似的。如果我听到他们的谈论，觉得他们并不是真正对此事感兴趣，我可能就不会那么尊重他们。

第一个登上月球的人可能会对自己的成就感到十分自豪，但我并不认为他是一个伟大的英雄。我是这么想的，不知道你们怎么想。在电视上，他可能会在一段时间里成了一名大英雄，并受到英雄式的对待。如果我们想想这件事情，就立刻了解到坐禅是多么重要了。我们并不是要在客观世界里追求某种成功，而是尝试更深刻地去体验我们日常生活中的每个当下。这就是坐禅的目的。

有一次，玛丽安·德比给我看一些沙子。她把沙子拿给我，说："这些石子非常有趣。"它们看上去就像沙子，但她叫我用放大镜来看。于是，我发现这些小石子就跟我办公室里陈设的那些石头一样有趣。我办公室里的石头要大一些，但那些沙子在放大镜底下看起来真的很像石头。

如果有人对你说"这是月球上的岩石"，你就会对它们深感兴趣。其实我认为地球上的岩石跟月球上的岩石不会有太大的区别。即使你到了火星，你也会找到一样的岩石，我相信一定会有的。所以，如果你想发现一些有趣的事物，只需在每个当下享受你的生活，观察你现在所拥有的一切，并真正地活在你周围的环境之中，而不必像登月一样在宇宙中跳来跳去。

我昨天去参观了一座属于大自然保护协会的小岛，那里有许多飞禽走兽和鱼类，是个很有意思的地方。如果你住在一个像那样的地方，并真正开始去看万物，看那个区域里的植物和动物，你可能会想一辈子都待在那里。那是个如此有趣的地方，但我们人类总是到处转悠，忽略掉许多有趣的事物。我们甚至还到月球或者更远的地方旅行，这真的很傻。如果你待在一个地方，你就能完全地享受自己的生活，这才是更人性化的生活。

对于登上月球，我不确定我们走的是对人类最好的方向。当我们找到了坐禅的精神，我们就找到了人类应有的生活方式。换句话说，我们不再受各种事物或某种思想所迷惑。道元禅师最初拒绝了天皇赏赐的一件紫袍。在他第二次拒绝后，天皇说："你一定要收下。"于是，他最终收下了袍子，但他不穿。他写信给天皇说："我十分感激您赐予的紫袍，但我不敢穿，因为如果我穿上它，这山上的鸟儿和猴子会嘲笑我的。"

禅修时，我们有时修习数息法。我们数呼吸要从一数到十，中间忘记自己数到哪了，就要重新开始数，你可能觉得这样有点傻。如果用电脑来数，就不会出错了。但其根本精神是十分重要的。当我们数着每个数时，我们发现生命是无限深邃的。如果我们用一般的方式来数自己的呼吸，就像计算从这里到月球的距离那样，我们的修行就没有任何意义。

数每个呼吸就要全身心地投入呼吸之中。我们用整个宇宙的力量来数每个数。所以，当你真正去体验数息法，你就会产生深深的感激之情，比你登上月球的感受还要强烈。你不会对某件事情很感兴趣，只因为别人认为此事很重大；你也不会对某件事情毫无兴趣，只因为别人认为此事微不足道。

你可能还是会像个婴儿一样，对新的体验很感兴趣。婴儿对一切事物都抱持着相同的基本态度。如果你去观察婴儿，就会发现他们总是活得很快乐。我们成年人大多数都有先入为主的思想，我们无法完全摆脱这个客观世界，因为我们无法与这个客观世界合而为一。

世事无常，这对一般人来说是件很令人沮丧的事情。你无法依赖于任何东西，你也无法拥有任何东西；你会看到自己不想看到的东西，会遇到自己不喜欢的人。如果你想做某件事情，你可能会发现那是无法办到的，所以你会因为事情没有按你的意愿来进行而感到沮丧。作为佛教徒，你是在改变你人生的根基。"诸行无常"是你在这个世间受苦并且感到沮丧的根源。如果你改变自己的认识和生活方式，你就能在每个当下全然地享受新的生活。一切事物都会消逝，这就是你要享受生活的原因。如果你这样去修行，你的人生就变得安稳而富有意义。

因此，关键是要改变你对人生的看法，并带着正确的认识去修行。登上月球可能是一件重大的历史事件，但如果我们不改变自己对人生的看法，那这件事就没有什么意义。我们需要对人生有更深刻的理解。

我们有临济宗和曹洞宗，有大乘佛教和小乘佛教，有佛教和基督教。但如果你修行任何一种法门时，就像在宇宙间跳来跳去一样，那对你就不会有太大的帮助。如果你在修行中有着正确的认识，那么不管你坐火车、飞机还是轮船，你都能享受你的旅途。如果你坐船去日本，可能要十天，而坐飞机的话，可能只需十个小时。但如果目的是要享受旅途，时间就不是问题。即使你坐飞机旅行，你也不能活一千年，最多也就活一百年。而且，你的人生不能重来。所以，你不能用自己的生命与别的生命相比。

唯一的方法就是享受你的人生。即使你在坐禅，像蜗牛一样数着自己的呼吸，你也能享受人生，这可能比登月之旅更令人欢喜。这就是我们禅修的原因。最重要的是能享受生活，而不被一切事物所迷惑。

谢谢各位。

像大象一样行走

"我们要像奶牛或大象一般缓慢而行，而不要四处疾驰。如果你能做到心无所求地缓慢行走，你就已经是一名不错的禅门弟子。"

所有教诫都从禅修中来，佛陀正是通过坐禅将其心法传给我们的。坐禅就是要打开我们所传承的佛心，我们所体会到的一切宝藏都是从这颗心而来的。我们坐禅就是为了证得这颗真心，即我们所传得的佛心。

许多人总在寻找一处特别的地方，而内心感到迷茫。正如道元禅师所说："为什么放弃自己的本位，而要在尘土飞扬的异国他乡四处流浪？"当我们以观光游览的心态修行时，我们就有一种急于求成的想法。而我们的修行之道就是要循序渐进，踏实前行，欣赏我们的日常生活。这样，我们就能清楚地知道自己身在何处，做什么事情。

人们常常认为最好去日本学禅,但那是件相当困难的事情。我问他们:"为什么不留在禅修中心学禅呢?"如果你去日本,你多半会鼓励当地僧人修建更多的新楼。他们看见你可能会很高兴,但这是在浪费时间和金钱,而且你会因为找不到好的禅师而感到沮丧。就算你找到一位好老师,你也很难去理解他说的话,并跟他参学。

你在这里可以修习真正的坐禅,一步一步地观照自己。我们修行要像一头牛,而不要像一匹马。我们要像奶牛或大象一般缓慢而行,而不要四处疾驰。如果你能做到心无所求地缓慢行走,你就已经是一名不错的禅门弟子。

中国宋朝末期有许多禅师在对治弟子们的欲望时,会采用各种心理手段来促使他们达到顿悟。这些手段也许不是什么招数,如果我说是"招数",会被人骂的,但我觉得那样的修行就像一种招数。所以,那些禅师可以和那些试图解释开悟体验的心理学家成为好朋友。但最初的禅法与这种修行完全不同。

道元禅师曾引用中国禅宗初祖菩提达摩与二祖慧可的一则故事,有力地指出这一点。菩提达摩告诉慧可:

"如果你想入道，就要使你自己与外界事物隔绝，从内心止息自己的情绪和思维。当你变得像一块砖头或一堵石墙时，你就入道了。"

对于慧可来说，这是一种很困难的修行，就像你们所体验到的那样，但他非常努力精进，最终，他认为自己领悟了菩提达摩的意思。于是，慧可告诉菩提达摩，他的修行没有停息，没有间断，修行从未停歇。菩提达摩说："那你是谁？是谁在不间断地修行？"慧可说："因为我很了解我自己，所以很难说清楚我是谁。"菩提达摩说："说得对，你是我的弟子。"你们听懂了吗？

我们坐禅不是要获得开悟，而是要表现自己的真如本性。就连你在坐禅时的思维也是真如本性的流露。你的思维就像有人在后院里或对面大街上说话。你可能会想他在说什么，但那个人并不是某个特定的人，而是我们的真如本性。我们内在的真如本性一直在谈论佛法，我们所做的一切都是佛性的表现。

当二祖慧可修到这一步，他告诉菩提达摩自己已经明白了："石墙本身即是佛性；砖头也是佛性。一切万物都是佛性的表现。"我曾经以为，我开悟以后，就会知道是谁在后院里说话，但其实并没有一个特别的人躲在里面解说佛法。我们的一切所见所闻都是佛性的体现。当我们说佛性时，佛性就是一切万物。佛性是我们本有的真如本性，我们每个人、一切众生都具有佛性。

这样，我们就意识到，我们的真如本性一直在运作。所以慧可说，修行没有间断，因为那是佛的修行，是无始无终的。那么，是谁在进行这种修行呢？也许是慧可本人，但他的修行是恒常不断的，从无始的过去直到无尽的未来。所以，很难说清楚是"谁"在修行此道。

当我们进行禅修时，我们是和所有的祖师一起修行，你应该清楚知道这一点。即使你坐禅修得不太好，你也不能虚度光阴。你可能还不能理解我说的话，但有朝一日，在某个时候，某个人会认可你的修行。所以，只管修行，心不要四处游荡，也不要进行观光式的坐禅，那么你就有机会加入我们的修行之中。修得好不好并不要紧。如果你带着这种认识去打坐，坚信自己本具佛性，你迟早会发现自己与祖师大德们同处一堂。

所以，修行的重点是不要急于求成，不要追求名利。我们不是为了别人或者自己而坐禅，我们只为坐禅而坐禅。只管打坐！

谢谢各位。

第二部分
虚空的来信

"所有对实相的描述都是对虚空境界的有限呈现。然而，我们执着于这些描述，以为这些就是实相，这是个错误。"

虚空的来信

"虽然我们并没有从虚空境界中得到实际的书信，但我们能从一些迹象或提示中得知那个境界的情况，那就是开悟。当我们看见梅花盛开，或者听见小石子击中竹子的声音，那就是虚空境界的来信。"

只管打坐就是要习得或证得空性。虽然你能通过思维而得到一些初步的认识，但是你应该通过修行去理解空性。你有"空"和"有"的观念，你就会认为这二者是对立的。但在佛法中，这二者都是"有"。我们所说的"空"不是你所想的那个意思。你无法通过你的思维或你的感知去完全理解"空"。这就是我们坐禅的原因。

日语有个词叫"shosoku"（消息），就是你收到家书时的那种感受。即使没有实际的照片，你也知道家里的一些情况，家人在那边做些什么，或者哪些花开了。那就叫"shosoku"。虽然我们并没有从虚空境界中得到实际的书信，但我们能从一些迹象或提示中得知那个境界的情况，那就是开悟。当我们看见梅花盛开，或者听见小石子击中竹子的声音，那就是虚空境界的来信。

除了我们能够描述的世界以外，还有另一种世界。所有对实相的描述都是对虚空境界的有限呈现。然而，我们执着于这些描述，以为这些就是实相，这是个错误，因为描述出来的并非真正的实相，当你以为那是实相时，你自己的思想就参与其中了，那就是自我的观念。

许多佛教徒都犯了这种错误。这就是为什么他们执着于佛经和佛陀的教诲。他们认为，佛陀的教诲是最珍贵的，保存好佛陀的教法就是要记住佛陀所说的话。但佛陀所说的话只是来自虚空境界的一封信，只是他给予我们的一些启示或帮助。如果别人读了这封信，可能没有什么意义。这是佛陀教诲的本质。要理解佛陀的教诲，我们不能依赖于我们平时思考的那颗心。如果你想读一读来自佛境界的信，你就有必要去了解何为佛境界。

把一个杯子里的水"清空"，并不是说要把它喝光。"清空"是指直接纯然地去体验，而不依赖于事物的形相。所以，我们的体验就是"清空"我们已有的观念，即存在的观念，如大小、圆方等观念。圆方、大小不属于实相，只是观念而已。这就是把水"清空"的意思。即使我们看到水，但也没有"水"这个观念。

当我们分析自己的体验时，我们就有了时空、大小、轻重的观念出现。某种衡量尺度是必要的，我们是通过头脑中的各种衡量尺度来感受事物的。但是，事物本身是没有尺度的，是我们强加给实相的。因为我们总是使用衡量尺度，并太过依赖它了，于是我们就以为这尺度真的存在，但它其实并不存在。如果它真的存在，就会与事物一起存在。你用标尺就能把一种实相剖析为各种大大小小的实体，但我们一旦把某个东西概念化，它就已经是个消逝的体验。

我们从自己的体验中"清空"那些大小、好坏的观念，因为我们所用的那些衡量尺度都是基于自我意识的。当我们说是好或坏时，衡量尺度就是自己。那个尺度不是永远不变的，每个人的衡量尺度都不相同。我并不是说那个尺度总是错误的，但是我们在做分析或者对某个事物持有某种看法时，往往会用上我们自私的衡量尺度，那个自私的部分应该要清空。我们要如何清空那个部分呢？那就要坐禅，要习惯于接受事物的本来面目，而没有大小、好坏的观念。

艺术家或作家可能会通过画画或者写作来表达自己的直接体验。但如果他们的体验非常强烈和纯净，他们可能会放弃将它描述出来，只会说一句："哇，天哪！"仅此而已。我喜欢在屋子四周做个微型庭园，但如果我去小溪边看看那些美妙的岩石和流水，我就会放弃，心想："啊，不，我不该做个假山庭园。还不如去把塔萨亚拉小溪清理干净，捡起那里的纸片和落下的树枝更好一些。"

大自然本身就有一种超越美之外的美。当你看见其中一部分，你可能会想：这块石头应该挪到这边，那块石头应该挪到那边，那么这才是一个完整的庭园。因为你用"小我"的衡量尺度来限制现实世界，于是你对庭园就有了好坏之分，你就想改变石头的位置。但如果你用更宽广的心去看待事物的本来面目，就没有必要做任何改变。

事物本身即是空，但因为你给它加上了一些东西，你就破坏了现实。如果我们不去破坏事物的原貌，那就是把万物清空。当你只管打坐时，不要被声音打扰，也不要起心动念。这是指不要依赖任何感官或那颗思维的心，只需接收那封虚空境界的来信。这就是"只管打坐"。

　　清空不等同于拒绝接受。通常，我们拒绝接受某个事物时，我们就想用别的东西来替换它。如果我不想要那个蓝色的杯子，那就意味着我想要的是那个白色的杯子。当你与他人争论并否定他人的观点时，你就在将自己的观点强加给别人。我们总是做这种事情，可我们的禅道并非如此。通过清空那些我们所添加的、以自我为中心的观点，我们就净化了对万物的观察。当我们看到并接纳事物的本来面目时，我们就不需要用别的东西去替换某个东西，这就是我们所说的"清空"万物的意思。

　　如果我们把万物清空，让它们一如本来的样子，事物会自然运作起来。万物本来就是相互关联的，也是一体的；作为一个整体，它会自我伸展。要让它自己伸展开来，我们要把万物清空。如果我们拥有了这种态度，纵然没有宗教信仰的概念，我们也拥有了宗教信仰。如果我们在宗教修行中缺乏了这种态度，修行就会自然变成像鸦片一样。净化自身的体验，观照事物的本来面目，就是要理解虚空境界，并明白佛陀为什么留下如此丰富的教导。

在只管打坐时，我们不要企求任何事物，因为当我们追求某种东西时，就会有自我的概念。于是，我们就会试图实现某个目标，以加深这种自我的概念。我们在努力做某件事情时就是这么做的，可是，我们其实是要努力去除以自我为中心的行为。这就是我们净化自身体验的方法。

举个例子，你在读书，你的妻子或丈夫可能会说："你要喝杯茶吗？"你可能会说："我在忙呢，别烦我。"如果你是这样读书的话，你就要注意了。你应该随时准备好说："好啊，那太好了，请给我一杯茶。"然后把书放下，好好喝茶。喝完茶后，你继续读书。

反之，如果你的态度是："我正忙着呢！"那就不太好，因为你的心实际上没有真正发挥作用，你一部分心思在努力用功，而另一部分心思却没有在努力。你可能会在你所做的事情上失去平衡。如果你在读书，那可能没什么关系；但如果你在写书法，而你的心却不在"空"的状态下，你写的字会告诉你："我不在'空'的状态中。"那么你就应该停下来。

如果你是学禅之人，写出这样一幅书法，你就应该感到羞愧。写书法就是禅修。所以当你在写书法的时候，如果有人说："喝杯茶吧。"而你回答："不,我在写书法呢!"那么你的书法会说:"不,不!"你骗不了自己。

我希望大家能明白,我们在禅修中心这里是做什么的。有时,为了使自己的修行更坚定有力,或者使自己的呼吸自然顺畅,把坐禅当作某种练习或训练也未尝不可。这可能也包含在修行当中,但当我们说"只管打坐",那就不是这个意思了。如果我们收到虚空境界的来信,那么"只管打坐"的修行才算起到作用。

谢谢各位。

糙米正好

"你们觉得坐禅怎么样？我想，可能问'你们觉得糙米怎么样'会更好。坐禅这个话题太大了，而糙米就正好。实际上，这二者没有多大区别。"

你们觉得坐禅怎么样？我想，可能问"你们觉得糙米怎么样"会更好。坐禅这个话题太大了，而糙米就正好。实际上，这二者没有多大区别。你吃糙米的时候需要咀嚼，否则难以下咽。当你细细咀嚼时，你的嘴成了厨房烹饪的一部分，而且糙米也变得越来越有滋味。我们吃白米饭的时候不会咀嚼得那么细，但就是那么稍微地咀嚼一下，米饭就自然而然地滑落到喉咙去了。

当我们把食物完全消化后，它会变成什么呢？它会转化，改变自身的化学性质，并充满我们的全身。在这个过程中，它在我们的体内消亡。吃东西和消化食物对我们来说是很自然的事，因为我们总是在变化之中。这个有机过程就叫作"空"。之所以称之为"空"，是因为它没有特定的形相。它有某种形相，但那种形相并非永恒不变的。当它改变时，它其实承载着我们的生命能量。

我们知道我们是空的，这个地球也是空的，这些形相都不是永恒不变的。你可能会问："这个宇宙是什么呢？"但这个宇宙没有边界。"空"不是你能通过太空旅行就能理解的，但当你完全投入到咀嚼米饭时，你就能理解"空"的含义。这是真正的"空"。

最重要的一点是，从真正意义上去确立你自己的位置，而不是把自己建立在妄想之上。但是，我们无法在生活和修行中摆脱妄想。妄想是无法避免的，但你不能把自己建立在妄想之上。它就像是一把梯子，没有它你就不能爬到高处，但你也不能一直待在梯子上。有了这种信心，你就能继续学习我们的禅道。这就是为什么我说："别跑，跟着我。"我的意思不是指"黏着我"，而是说你要跟你自己在一起，不要跟妄想在一起。有时我可能是一个错觉，你可能会高估了我而认为："他是个好老师！"那就已经是一种错觉了。我是你们的朋友，我只是以一个拥有许多梯子的朋友身份和你们一起修行。

我们不应该为有一位差劲的老师或者有一个差劲的学生而感到失望。如果差劲的学生或差劲的老师在努力追求真理，他们就能建立起实实在在的东西。这就是我们的坐禅。我们必须坚持坐禅，坚持咀嚼糙米。最终，我们定会有所成就。

谢谢各位。

如厕的禅道

"说幸运也好，说不幸也罢，就算你不喜欢，我们也得上厕所，那个臭烘烘的厕所。我很抱歉说这件事情，但我想，只要我们活着，我们就得上厕所。"

你们现在感觉怎么样？我不知道你们感觉如何，但我觉得自己就像刚从厕所出来一样畅快。因为我年纪大了，所以经常要上厕所。即使在我年轻的时候，我上厕所也比别人更频繁，有时我还因此占了点便宜。我初到永平寺时，在旦加寮打坐——进入日本禅寺参学时，必须先连续打坐数日——我可以上厕所而内心毫无愧疚，因为我不得不去！我上厕所非常开心。我想，上厕所是观察我们修行的好方法。

　　云门文偃禅师[1]可能是首位将修行与厕所联系起来的禅师。有人问他："你的修行是什么？什么是佛？"他回答说："厕纸。"实际上，用今天的话来说是厕纸，但他当时说的是："在茅厕里用来擦拭自己之物。"这才是他当时说的话。自那以后，许多禅师都在思考他的话，他们一边修行一边参究这则公案：什么是厕纸？他这么说是什么意思？

　　在日常生活中，我们会吃许多东西，有好的，也有坏的；有昂贵的，也有简单的；有美味的，也有不太美味的。吃过之后，我们就要上厕所。同样，当我们心中充斥着各种事情，我们就要坐禅，否则，我们的思想最终会变得很不健康。我们需要在学习东西之前先清空大脑。就像在白纸上画画一样，如果你不拿张干净的白纸来，你就无法画你想画的东西。所以，我们要回到原始的状态，一种无所见、无所思的状态，这样你就明白自己在做什么了。

　　你习禅越多，就会对日常生活越感兴趣。你会发现哪些是必要的，哪些不是必要的；哪些方面需要修正，哪些方面需要更加重视起来。所以，通过修行，你会懂得

1.云门文偃禅师（864—949），云门寺的开山祖师，也是禅宗一花五叶之云门宗的开宗祖师。——译者注

如何安排自己的生活。这就要正确地观察自己的处境，放空自己的内心，并从最初的起点开始，这就像上厕所一样。

我们的文化是建立在获取或积累的基础之上的。比如，科学就是知识的积累。现代的科学家是否比16世纪的科学家更伟大，这点不好说，而区别就在于我们现代人积累了科学知识。这一点是好的，同时也是危险的，我们可能会被淹没于自己所积累的种种知识之下。这就像试图活下来，却憋着不去上厕所。我们已经在受污染的水和空气中游泳，我们也谈论水和空气污染。同时，我们也很难在知识污染中活下去。

我们每个人都知道如何去上厕所而不执着于体内的任何东西。当我们意识到自己本自具足，我们就不会执着于任何事物。事实上，我们拥有一切。即使不登上月球，我们也拥有着月亮。当我们试着登上月球，那就意味着我们认为月亮不是我们的。

佛陀告诉我们，我们的心与万物是一体的。我们的心中含藏着万物。如果我们这样去看待事物，我们就能理解我们的活动。学习一样东西就是欣赏一样东西；去欣赏一样东西，就要超然物外。当我们做到了超然物外，一切万物都是我们的。我们的修行就是要证得这种大心。换句话说，要超脱每个存在的事物，包括我们自己，让我们的自我发挥其作用，这就是禅修。当我们坐禅时，我们实际上在清除自己的各种执着。

我们对死亡十分恐惧。但当我们足够成熟的时候，我们就会明白死亡是必然发生的事情。如果你英年早逝，那就太糟糕了；而如果像我这个年纪的人死了，无论对你还是对我而言，都不是那么糟糕的事了，因为我已经足够成熟，可以接受死亡。我很清楚自己的人生，知道活一天、活一年、活六十年或者活一百年是什么样子的。因此不管怎样，当你成熟了，有了丰富的阅历，这一生也品尝过许多东西，我想你可以欣然地接受死亡，就像你开开心心地上厕所一样。这个事情就是这样子的。

一个八九十岁的老人不会有很多问题。老人身体上可能会受点病苦，但那种苦不像你所想的那么严重。人们在年轻的时候会认为死亡是件可怕的事情，所以当他们面临死亡，就依然会那么想，但其实不是这样的。我们忍受身体上的痛苦是有极限的，而忍受心理上的痛苦也是有极限的，但我们以为心理的承受能力是没有极限的。我们的痛苦是无尽的，因为我们有无尽的欲望。佛陀告诉我们，那种欲望会给我们带来烦恼。在无尽的欲望驱使下，我们的烦恼一个接一个地累积，所以我们有无尽的恐惧。

其实，如果我们知道如何放空自己的内心，我们就不会有那么多的烦恼。就像我们每天都要上厕所一样，我们每天都进行禅修。在僧侣生活中，最好的修行就是打扫厕所。不管你去哪座寺院，你总会发现寺院里有专人负责打扫厕所。我们不只是因为厕所脏了才去打扫；不管厕所脏不脏，我们都会把它打扫干净，直到我们打扫时，心中不再有干净或者污秽的想法。如果能这样做，这其实就是禅修。把这种修行延伸到日常生活中似乎很难，但其实相当简单。由于我们懒惰，这件事才变得艰难而已。这就是为什么我们强调持之以恒，要坚持我们的修行。修行不应该有间断，应该时时刻刻坚持下去。

有些坐禅非常用功的人却很容易忽视日常生活。如果有人开悟了，他们可能会说："我追随一位优秀的禅师而开悟了，所以无论我做什么都无所谓，我已完全不受善恶的制约。只有那些尚未开悟的人才会执着于善恶的观念。"说出这番话的人忽视了日常生活。他们不关心自己的生活，不知道该如何安排自己的生活，也不知道该有什么样的生活节奏。了解自己的生活节奏就是要知道自己在做什么。我们必须在禅修中让自己有一颗清醒的内心，看清楚自己的一举一动。

我来到美国是因为我在日本有太多的烦恼。我也说不清楚，但可能这就是我来美国的原因吧。我在日本禅修的时候跟在这边禅修不一样。如今我在这边的烦恼和我在日本时的烦恼也不相同。虽然我和你们一起坐禅，但我的心就像个垃圾桶一样。即使我在美国这个"自由的国度"，我的心就像一个垃圾桶。我是日本人，在这边有一些日本朋友，所以我除了其他烦恼以外，还有着大多数日本人都有的烦恼。有时，我在想自己在这里做什么。但当我清晰地知道自己在做什么，没有高估或者低估自己，而是真诚地面对自己时，我的心中就没有那么多的负担。禅修在很大程度上帮助了我。要不是我一直坚持禅修，我不可能活到现在。我很小的时候就开始修行，尽管如此，我是在来到旧金山以后才从真正意义上开始修行的。

你们跟我学禅，可能会很难熬，我知道我所做的事情对你们来说是个挑战，但只有和不同背景成长起来的人交流，你们才能学会从别的角度来看待事物。只从以自我为中心的个人观点或本国观点来理解事物是我们的缺点，当我们这么做的时候，我们就无法从真正意义上推动我们的文化发展。当我们的文化走到这一步时，让它健康发展的唯一途径就是参与到各民族的文化活动中来，那么你就会更好地认识自己，正如我来到旧金山后才对自己和坐禅有了更深入的了解。

当你更好地了解自己和他人时，你就能做好你自己。做好美国人就是做好日本人，做好日本人就是做好美国人。因为我们执着于日本人的方式或者美国人的方式，我们的心就像废纸篓一样。如果你认识到这一点，你就会明白禅修是多么重要。说幸运也好，说不幸也罢，就算你不喜欢，我们也得上厕所，那个臭烘烘的厕所。我很抱歉说这件事情，但我想，只要我们活着，我们就得上厕所。

如果我年轻一点的话，我会马上给大家唱一首关于厕所的日本民谣。

谢谢各位。

关心土壤

"空性是一个你看不见东西的园子，它其实是万物之母，万物从中化生。"

我们大多数人学习佛法的时候，会把佛法看作某种已经给予我们的东西，认为我们该做的就是要护持好佛陀的教法，就像把食物放进冰箱里保存一样。要学习佛法时，就把食物从冰箱里拿出来。无论你什么时候需要它，它就在那里。可是，学禅之人应该着力于如何从田地、园子里种出食物来。我们把重点放在土地上。

我们都具有佛性，而从佛性中流露出来的教法总是相似的。佛教不同宗派的教义并没有很大的差别，但对教义的态度却有所不同。如果你认为佛法都已经传给你了，那么你用功的方向自然是要把佛法应用于这个尘世之中。例如，学习小乘佛教的人就把十二因缘（无明、行、识、名色、六入、触、受、爱、取、有、生、老死)的教义应用于我们的实际生活中,去应对我们的生死大事。大乘佛教则认为,佛陀传授这一教理的初衷在于解释不同事物的相互依存性。

佛陀试图通过打破我们的常识来救度我们。我们通常不会关注空空的土地。我们倾向于关注园子里生长出来的东西,而不是那裸露的土壤。但如果你想有个好收成,最重要的就是给土壤施肥,并好好地耕种。佛陀的教法与食物本身无关,而是要告诉我们这些东西是如何种出来的,应该如何照料它们。佛陀对某个神祇或某种已有的东西并不感兴趣,他感兴趣的是那片能变成各种园子的土地。在他看来,一切万物都是神圣的。

佛陀并不认为自己是一个特别的人。他试着像最普通的人一样,穿着僧袍,托钵乞食。他认为:"我有许多弟子,那是因为他们很优秀,而不是因为我。"佛陀之所以伟大,是因为他很了解众生。因为他了解众生,所以他爱他们,而且喜欢帮助他们。因为他有这种精神,所以他能成为佛陀。

谢谢各位。

日常生活就像一场电影

"修行时，你意识到自己的心就像屏幕一样。如果屏幕是彩色的，五彩缤纷，把人都吸引住了，它就不能发挥其原本的作用了。因此，最重要的一点就是要有一块纯白的屏幕。"

我想，你们大多数人会很好奇"禅"究竟是什么。其实，禅是我们的生活方式。进行禅修就像给自己设定闹钟。除非你设好闹钟，否则这个时钟是不起作用的。我们每天必定有个起始的时间，太阳在特定的时间升起，在特定的时间落下，总是重复着同样的事情。我们也一样，但我们可能没有这种感觉。只有当我们的生活井然有序时，我们才会意识到，懂得从何处开启生活是多么重要。

作为学禅之人，我们的日常生活从坐禅开始。我们回到零点，从零开始。尽管我们有各种各样的活动，但最重要的是要认识到这些活动是如何从零开始的。你决定要打坐的那一刻，就意味着你已经设好了闹钟。当你信心充足地决定要开始坐禅时，那就是零点。

坐禅期间，你可能会听到鸟儿在歌唱；某种事物在你的修行中浮现。同样，在我们的日常生活中，许多事物会出现，如果你知道这些东西是从何处生起的，你就不会受其所扰。因为你不知道它是怎么发生的，所以你会感到困惑。如果你知道事物是如何产生的，那么当某件事情发生时，你就会做好准备："哦，某件事情正在发生。"这就像观看日出一样："看啊，太阳刚刚升起！"

比如，有时你会恼火，但怒火不会突然升起，它可能是慢慢升起的。当你感觉怒火突然升起时，那就是真正的怒火。但当你明白它是怎么来的——"怒火从我的心中生起"——那就不是怒火了。人们可能会说你在生气，但实际上你没有。如果你意识到自己快要哭了，"哦，我快要哭了"，然后在接下来的两三分钟里，你心中明白，"哦，我开始哭了"，那就不算哭泣。我们的修行就是要像你在打坐中接纳各种浮现的影像一样去接纳万物。最重要的就是要有"大心"，去接纳万物。

如果你是为了开悟而去坐禅，就像使用闹钟却没有设置好时间。它还是会响，但毫无意义。而在每天早晨的某个固定时间打坐，这就有意义。最重要的是随时知道自己在做什么。这就是根据自己所处的情况来努力用功。

我们的日常生活就像一场在大屏幕上放映的电影。大多数人对屏幕上的画面很感兴趣，却没有意识到屏幕的存在。当电影放映完毕后，你什么也看不到了，于是你就想："我明晚还要再来观看。""我会回来看另一场戏。"当你看屏幕上的电影正看得津津有味时，电影结束了，你就会盼着看明天的另一场电影，或者你会因为现在没有别的好戏上演而感到沮丧。你并没有意识到屏幕一直在那里。

但当你修行时，你意识到自己的心就像屏幕一样。如果屏幕是彩色的，五彩缤纷，把人都吸引住了，它就不能发挥其原本的作用了。因此，最重要的一点就是要有一块纯白的屏幕。

我觉得看电影看得兴奋是件好事。你在一定程度上可以享受这部电影，因为你知道这是一场电影。即便你没有意识到那块屏幕的存在，但你的兴趣是基于一种认识：这是屏幕上放映出来的电影，有一架放映机或者一些人工设备。因此,你可以享受这部电影。我们就是这样享受自己的生活的。如果你没有意识到那块屏幕和放映机的存在,你可能无法把它看成一部电影。

禅修时,我们需要知道自己拥有哪种屏幕,并像在电影院观看电影一样享受自己的生活。你不会畏惧这块屏幕,你对这块屏幕没有任何特别的感觉,那只是一块白色的屏幕。所以,你对生活毫无畏惧。你享受让你害怕的事物,也享受让你愤怒、让你哭泣的事物,你还享受哭泣和愤怒本身。

如果你意识不到那块屏幕的存在,那么你可能连开悟也会感到害怕:"这是什么?""我的天哪!"如果有人开悟了,你可能会问他开悟是什么样的体验。当你听到那个人的诉说,你可能会说:"不,那不是我想要的!"但你要知道,那只是一部让你欣赏的电影而已。如果你想欣赏这部电影,你应当知道,这是胶卷、光线和屏幕的结合,而最重要的是那块纯白的屏幕。

那块白色屏幕不是你能够获得的,而是你始终拥有的。你没有感觉到你拥有它,那是因为你的心太忙碌了。有时,你应该停下所有的活动,使自己这块屏幕变回空白,那就是坐禅。那是我们日常生活和禅修的基础。没有这种基础，你的修行就起不了作用。你所受到的一切指导都是关于如何拥有一块洁净的白屏幕的，尽管它从来就不是纯白的，因为我们有着各种执着和以前留下的染污。

当我们只是坐禅而心中没有任何念头时，我们就会相当放松。因为我们在平常的姿势中很难有完全的放松，所以我们采取坐禅的姿势。要做到这一点，我们会遵循前人所积累的经验方法。他们发现，坐禅的姿势比其他姿势要好很多，比站立和躺下都要好。如果你按照这些指导方法来进行禅修，那就能收到效果。但如果你不相信自己那块纯白的屏幕，你的修行就起不了作用。

谢谢各位。

恢复大心

"我们坐禅时，并不是'大心'在控制着'小心'，而是当'小心'平静下来，'大心'才开始其真正的活动。"

"摄心"的目的在于使自己与修行完全合而为一。"摄"的意思是对待某个事物就像你对待客人一样，或者像学生对待老师一样；其另一个意思是把事情安排得井然有序。"心"是指内心或心灵。因此，"摄心"的意思就是让心正常运作。我们的五种感官和意志，或者说猴子般的"小心"，应该要受到控制。当我们控制住了自己猴子般的心，我们就可以恢复自己真正的"大心"。如果猴子般的心总是掌管着"大心"的活动，我们自然就会变成猴子。所以，猴子般的心一定要有看管它的老板，也就是"大心"。

然而，我们坐禅时，并不是"大心"在控制着"小心"，而是当"小心"平静下来，"大心"才开始其真正的活动。在日常生活中，大部分时间是我们的"小心"在起作用，这就是为什么我们应该修习坐禅，并完全恢复"大心"。

关于修行，有个很好的例子，那就是乌龟。乌龟有四只脚、一个头和一条尾巴——身体的六个部分有时会露在壳外，有时会缩在壳里。当它想吃东西或者想去某个地方时，脚就伸在外面，但如果一直把脚伸在外面，就会被别的动物抓住。遇到危险时，它会把脚、头和尾巴缩起来。身体的六个部分指的是五种感官和心。这就是"摄心"。在这一周的时间里，我们的头、尾巴和脚都缩进壳里。佛经云：当身体的六个部分都收进壳里后，就连邪魔也不能伤害我们。

坐禅时，我们不用停止思维，也不用切断听觉与视觉。如果你的内心浮现出某个事物，不要管它；如果你听见了什么，那就听着，只需接纳它。"哦"——仅此而已。坐禅的过程中不应该有第二个活动。声音是一个活动，第二个活动是："那是什么声音——是汽车还是垃圾车，还是什么？"如果你听见一个声音，听见就听见了，仅此而已。不要作任何的评判，不要去想那是什么。只需打开耳朵，默默地听着。只需睁开眼睛，静静地看着。当你打坐了很长一段时间后，看着墙壁上的同一个地方，你可能会看见不同的形象："那看起来像一条河"，或者"它看起来像一条龙"。然后你可能会想自己不应该思考，但你还是看见了不同的东西。细细地想着那些形象可能是消磨时间的一个好方法，但这不是"摄心"。

专注于一件事情也许很重要，但仅仅有颗专注的心并不是坐禅。那只是修行的其中一个元素，而内心的平静也是必需的，所以不要强化五官的活动，让它们保持原样就行了。这就是使你的真心获得解脱的方法。如果你在日常生活中能做到这一点，你就会有颗柔软的心。你不会有许多先入为主的观念，而且你思维方式中的坏习惯也不会占上风。你会有一颗宽宏大量的心，而且你所说的话会对别人有所帮助。

例如，《正法眼藏随闻记》[1]中记载，道元禅师讲述了一则自己听闻的故事，那是关于一位有权有势的人物——藤原（一条）基家（Ichijo Motoie）的。有一天，基

1.此书为道元禅师的高徒怀奘（1198—1280）所著。——译者注

家发现自己的剑不见了，因为没有人能闯入他的家，一定
是他家中的人把剑偷走了。后来剑找到了，并拿回来给
他，可是基家说："这不是我的剑，还是拿回去给拥有它
的人吧。"人们知道拥有这把剑的人就是偷走它的人，但
基家并没有怪罪这个人，人们也不便说什么，所以什么事
也没有发生。道元禅师认为，这就是我们应该具有的平
静之心。

　　如果我们有颗宽宏大量的心，而且道心坚固，那么
就无须担心。道元禅师强调要过一种简约朴素的生活。
我们心无所求，只是专心修道。许多弟子问他：没有计
划，又如何能支撑寺院僧团？他说："如果寺院的维持变
得困难，我们会去想办法，但到目前为止，我们没有必要
去想这个问题。"因此，事情尚未发生之前，我们不必多
想。这样，我们就会得到全然平静的内心。因为你拥有了
某个东西，你会担心失去它，但如果你一无所有，就没有
必要去担心。

　　一天晚上，道元禅师说："尽管你认为某条教法非
常圆满正确，当有人告诉你更好的方法时，你应该改变
你的见解。"这样，我们就能不断增进自己对佛法的理
解。因为你当时认为这是对的，所以你遵循理论规矩，

但你的心中仍然留有余地来改变自己的观念。这就是柔软心。

你之所以能改变自己的观念，是因为你知道自己的思维像猴子一般不安分。有时你会跟随这猴子的建议——"对，如果我们朝那个方向走，就能获得食物。好，我们走吧！"但当你看见一条更好的路时，你可能会说："猴子，走这边更好！"如果你执着于自己的贪心、嗔怒或者其他情感，执着于这颗思维的心、猴子般的心，你就无法改变，你的心就不够柔软。

因此，我们修行时仰仗某种广大的力量，并在那广大的境界中打坐。你双腿的疼痛或者其他困难都出现在那广大的境界中。只要你没有失去那种身处佛性境界中的感觉，那么即使面对困难，你依然能静心打坐。如果你想要摆脱困境，或者试图提高自己的修行功夫，你就为自己制造出另一个烦恼。但如果你只是待在那儿，你就有机会去欣赏周围的环境，你就能完全接受自己，而无须做出任何改变。这就是我们的修行。

活在"大心"之中是一种信仰行为，与那种相信某一观点或信奉某个神明的一般信仰不同。这是要相信有某种东西在护持着我们，护持着我们所有的活动，包括思考和情感。所有这些都由某种没有形相的广大的力量所护持着。我们无法知道它是什么，但确实有某种东西存在，既不是物质上的，也不是精神上的。那样的东西一直存在，而我们就活在那个空间里。这就是纯粹存在的感觉。

如果你有足够的勇气让自己全身心投入为期七天的坐禅中，一点点的认识会有助于缓解你的僵化和固执。几乎所有因为你的固执心而制造出来的问题都会消失。假如你对实相有那么一丁点的认识，你的思维方式就会完全改变，你所制造的问题也不再是问题。但是，只要我们活着就会有烦恼，这也是真的。所以，我们坐禅不是为了获得某种伟大的开悟，从而改变我们整个人或者解决我们所有的烦恼。这种认识是不正确的。这可能是人们所谓的"禅"，但真正的"禅"并非如此。

摄心的过程中，我们专注于体会真正的修行。我们仅仅在这里打坐，心无所求。如果这个房间太冷，我们可以把温度调得暖和一些；如果你感觉双腿疼痛，可以伸展一下腿脚；如果感觉打坐太困难了，你可以休息一下。让我们把这七天的修行坚持下来。

谢谢各位。

凡夫心与佛心

"真正意义上的佛与凡夫无异，平凡与神圣不是互相分离的，这才是对自我的完整理解。当我们带着这种认识去坐禅，那就是真正的坐禅。"

我讲话的重点是为了给你们的修行鼓气。你们没有必要记住我说的话。如果你们对此产生了执着，就会执着于这种支撑，而不是树本身。一棵树强壮的时候可能仍然想要一些支撑，但最重要的是这棵树本身，而不是给予它的支撑。

我是一棵树，你们每个人都是一棵树。你们应该靠自己的力量立起来。当一棵树依靠自身的力量立起来时，我们把这棵树称为"佛"。换句话说，当你真正地坐禅时，你就是真正的佛陀。我们有时称之为"树"，有时称之为"佛"。"佛""树"或"你"都是同一尊佛的不同名字而已。

当你打坐时，你既独立于万物，而又与万物相互关联。当你在修行中完全入定时，你就包含了万物。你不只是你，你是整个世界或整个宇宙，你就是佛。因此，当你打坐时，你既是凡夫，也是佛。打坐前，你可能会执着于自己是凡夫。所以，当你打坐时，你就不是打坐前的那个人了。你们明白吗？

你可能会说，人不可能既是凡夫又是圣人。当你这么想的时候，你的认识是片面的。在日本，我们把想法片面的人叫作"担板汉"，即"肩上扛着木板的人"。因为你肩上扛着一块大木板，所以你无法看到另一边。你认为自己只是个凡夫，但如果你把木板放下，你就会明白："啊，原来我也是佛。我怎么能够既是佛又是凡夫呢？真神奇！"这就是开悟。

当你体验到开悟时，你就能更自在无碍地理解事物。你不在乎别人怎么称呼你。凡夫？好吧，我是凡夫。佛？没错，我是佛。我是怎么做到既是佛又是凡夫的呢？我不知道，但事实上我既是佛，也是凡夫。

真正意义上的佛与凡夫无异，平凡与神圣并不是互相分离的，这才是对自我的完整理解。当我们带着这种认识去坐禅，那就是真正的坐禅。我们不受任何事物的干扰。无论你听见什么、看见什么，都没有关系。要达到这种境界，需要纯熟的修行功夫。如果你坚持禅修，你自然会有这种认识和感受。它不只是认知上的，你会有真实的体会。

即使某人能解释佛教是什么，但如果他没有真实的体会，我们就不能称他为真正的佛教徒。只有当你的人格体现出这种境界时，我们才能称你为佛教徒。要使自己体现出这种境界，方法就是要始终专注于这一点。许多公案和语录都提到了这一点。凡夫以二元思维去理解事物，但尽管我们做着平常所做的事情，那实际上也是佛的行为。佛心、佛行和我们的行为没有分别。

有些人可能会说，"如此这般"即是佛心，而"这样那样"则是凡夫心。但我们没有必要这样去解释。当我们做某件事情时，我们不能说"我在做某事"，因为没有人是独立于他人的。我说话时，你会听见我说的话。我不能独自一个人只为我自己而做事情。如果某人做了某件事情，那么每个人都在做那件事情。我们每时每刻都持续进行着自己的活动，那也是佛的活动。但你不能说这只是佛的行动，因为你其实也在做着某件事情。然后你可能会说"我"，但我们不知道这个"我"是谁。你想说出是谁在做某事，因为你想把自己的行动理性化，但在你说话之前，那个实际的行动就已经出现了。你是谁，就在此处。

我们的活动既属于宇宙，也属于个人，所以没有必要解释我们在做什么。我们可能想解释自己的行为，但如果解释不了，我们也不该感到不安，因为这不是我们所能理解的。实际上，你在这里，就在此处，所以，在你认清自我之前，你就是你。在你解释一番之后，你就不再是真正的你，你只有一个形象。那个形象并非真实的你，但你往往会执着于那个形象而忽略了实相。正如道元禅师所说的，我们执着于不真实的东西，而忘却了一切真实的东西。我们的确如此。如果你意识到这一点，你就会完全从容自若，你就能相信自己。无论你发生了什么事情，都没有关系。你相信自己，而这不是一般对非真实事物的相信或信仰。

当你打坐时，头脑中没有任何的形象或声音出现，而且保持开放的态度，这就是真正的修行。如果你能做到这一点，你就不受一切事物的束缚。你仍然可以时时刻刻享受自己的生活，因为你没有把你的生活当作实在而永恒的东西来享受。我们的人生是短暂的，同时，每一瞬间都包含了它自己的过去和未来。我们短暂而永恒的人生就是这样不断延续下去的。这就是我们如何真正过好自己的日常生活、如何享受日常生活，以及如何从各种困难中解脱出来的方法。

我曾经长期卧病在床，那时我一直在思考这些事情。我就在床上进行禅修。我应该享受在床上的时光。有时这确实很难做到，但随后我嘲笑自己："为什么会这么困难？你为什么不能享受困境呢？"

我想，这就是我们的修行。

谢谢各位。

"修习真正的禅法不在口头上，只需敞开自心，放下一切。无论发生什么事情，都要仔细参究，看自己能发现什么，这是修禅的根本态度。"

从内心获得护持

"……我们从内心获得强有力的保护，那就是我们的精神。我们总是从内心得到源源不断的守护，所以我们并不期盼得到任何外界的帮助。"

在我们的日课中，诵经之后，我们会念一段祈祷文将功德回向。道元禅师认为，我们不企求外界的帮助，因为我们从内心获得强有力的保护。那就是我们的精神。我们总是从内心得到源源不断的守护，所以我们并不期盼得到任何外界的帮助。确实如此，但当我们诵完经，我们还是会以惯常的方式念诵祈祷文。

有一段回向文是这样写的："愿寺院的二轮（法轮和物质轮）常转，愿国家及寺院免受战争、疫病、饥荒、火灾、水灾和风灾等种种灾厄。"虽然我们这么念，但实际上心态是不同的。我们坐禅或者诵经并不是为了请求帮助，那不是我们的心态。当我们诵经时，我们体会到非二元对立的感觉、完全的平静和对修行的坚定信心。

如果我们能始终保持这种境界，我们就会得到护持。如果我们的修行变成二元对立和自私的，为的是护持我们的大楼和组织，或者维持个人的生活，我们打坐和诵经时就不会有什么体会。而如果我们对自己的修行之道有坚定的信心，而且心无所求时，我们就能怀着一种深沉的平静心来诵经。那才是我们真正的修行。

道元禅师还说过，我们没有污秽和纯净的观念，也没有灾祸和厄难的观念，但即使如此，我们仍需打扫厕所。即使你的面部、嘴巴或身体是干净的，早上起床还是要洗脸漱口。如果你认为打扫厕所是肮脏的工作，那就是个错误的观点。厕所并不肮脏，即使你不去打扫，它也是干净的，干净得很。所以，我们把打扫厕所当成一种修行，而不是因为它肮脏才去打扫。如果你打扫厕所是因为觉得它不干净，那就不是我们的修行之道。

我们认为，如果法轮常转，那么物质轮也会转。如果我们没有得到任何人的护持，就意味着我们的法轮实际上没有转动。这是道元禅师的认识，我曾经验证过其真伪，尤其是在战争期间我没有足够的食物充饥时。

大多数僧人工作是为了赚钱养活自己和家人。而我的信念是，如果我严守佛门的规矩，人们就会护持我。如果没有人护持我，就意味着道元禅师所言不实。所以，我从来不向任何人索取任何东西。我只是遵守佛教的律仪，而不是在城镇办公室里当老师或者职员。

我曾在寺院的园子里种了一些蔬菜和红薯，这就是为什么我种菜那么在行。我在寺院前面有个很宽敞的庭园，于是我开垦出一片菜地，把地里的石头都拿出来，并向地里施肥。一些村民也来帮忙，我们就种上蔬菜，收成也不错。

有一天，我的邻居过来帮我做饭。我有个很大的米桶，当她打开米桶时，里面一粒米也没有。她很惊讶，便带了一些米给我。她带来的米只有一点点，因为她自己也没有多少，于是我的邻居和我寺院里的信众就去募集一些米回来。我寺院中有不少信众，所以我就得到了相当多的米。当人们发现我有许多米时，他们纷纷来到寺院，于是我把米分给他们。我给出去的越多，得到的米就越多。

那时，大多数住在城里的人会去农民家用自己的物品换食物：土豆、大米、红薯或者南瓜。但我没有遇到过这种困难。大多数时候，我有充足的食物，但如果我吃的和别人不一样，我就觉得不太好，所以我尽量和他们吃一样的食物。而如今在塔萨亚拉，这里的食物比我在"二战"时期所吃的要好得多，长得壮，又丰盛，所以我对食物没有任何怨言。如果我们严格地遵循修行之道，我们就一定会得到佛陀的护佑。我们相信大众，也相信佛陀。

自从"二战"之后，日本僧人就开始穿上西装，舍弃僧袍，除非要主持葬礼或追悼仪式。我觉得这样很不好，所以我总是穿着僧袍。当年我来美国时，几乎所有出国的僧人都穿着西装和锃亮的皮鞋。他们认为，要弘扬佛法，就要像美国人一样。他们没有把头剃得发亮，而是把头发留得很长，还梳得很整齐。可是即便他们买了最好的西装和皮鞋，日本人终究是日本人，他们无法变成美国人，而且美国人还会在他们的穿着方式上挑刺。这就是我没有西装革履地来到美国的其中一个原因。

另一个原因是，对于那些不穿僧袍而改穿西装以维持生活的僧人，我感到失望，因为道元禅师说过，我们从内心获得强有力的保护。当我们念"愿法轮和物质轮常转"，这就是我们的精神。这种回向是报答佛陀和阿罗汉的慈悲恩德的一种方式。佛陀和阿罗汉是只靠自己的修行来护持自己的人。如果我们以同样的精神来修行，以表示对他们的敬意，我们也会获得护佑。

道元禅师说："如果我们不能和众生、和万物一起修行，那就不是佛法。"禅修的精神应该始终与我们同在，尤其当我们诵经或举行法会仪式时更应如此。那不是一种二元对立或自私的精神，而是平静而深沉的心境，并有着坚定的信念。

如果我们这样去修行，我们就始终与整个佛陀世界融为一体，而不受业力的牵引，我们的日常生活就会得到各种无处不在的力量护持。在佛陀的世界里只有佛陀的行动。这样，我们就不会造业，我们就能超越业力牵引的世界。我们正是秉持这种精神和认识去遵循我们的修行之道的。

如果我们太执着于时间概念，或沉溺于照料物质层面的世界，我们就会失去正道。如果一个僧人完全陷入了二元思维的修行之中，落入了俗世的忙碌生活之中，他就不是出家人了，这样的话，就再也没有出家人了。即使有出家人，他们也不是以出家人的方式来修行了。因此，佛教徒就要完完全全地做佛教徒。如果一名佛教徒真正做好其本分，他就会得到佛教徒应有的护持。

谢谢各位。

开启直觉

　　"……要敞露你的本性，体会心底的感受，这需要保持静默。通过这种修行，你会对这一教法有更为直观的认识。'止语'并不是说要做个聋哑人，而是要聆听你的直觉。"

　　摄心的目的在于养成稳定的修行习惯。摄心的过程中，我们不用言语来进行交流，但大众一起共修依然是个很大的鼓励。口头上的交流往往流于表面，但当你们不说话时，你们之间更深层的交流就会被激发，你们的心会变得非常敏锐。保持沉默会开启你们的直觉。仅仅安住于此处且五天都不言语，这就已经很有意义了。这就是我们止语的原因。

　　当你基于一时的兴趣而参与到一场流于表面的对话时，你的真实感受会被掩盖。因此，要敞露你的本性，体会心底的感受，这需要保持静默。通过这种修行，你会对这一教法有更为直观的认识。"止语"并不是说要做个聋哑人，而是要聆听你的直觉。

阅读也是如此。当你对所读的内容感兴趣时，你的直觉往往不会开启，这就是我们在摄心期间不阅读书籍的原因。这并不是说要把自己局限于黑暗之中，而是通过不阅读，你会激发出自己的直觉。

即使你在参究公案，也没有必要说话或阅读。尤其对初学者而言，要保持静默或不读报纸，这也许有点困难。你可能会觉得很无聊，但你应该坚持修行。在摄心期间，一切事宜都会由资深的同修负责照管，他们会帮助新来的同修深入习禅。

只管打坐，看看会发生什么事情。根据受到的指导，尽量保持正确的坐禅姿势，并遵守道场的规矩。遵守戒律会让你找到自我。道场的规矩会让你知道现在是什么时间、何时用餐以及如何走路。如果没有规矩，也没有人管你，要修行就相当困难。所以，这些规矩对修行有极大的帮助。这比没有任何规矩，只是在房间一角连续打坐五天而什么都不做要好得多。

修行有许多方式：随息法、数息法或参究公案。这次我推荐用随息法。当你觉得跟随呼吸比较困难时，那么用数息法会对你有所帮助。这样，你就会确切地知晓自己正在做什么。如果你修行时走神了，你就会立刻觉察到。

当你修习随息法时，不要太刻意去放缓呼吸或使呼吸变得深沉，或者做出其他类似的尝试。如果你只是跟随你的呼吸，那么即使不去调整它，你的呼吸也自然会与你的修行相适应。

我们会给你各种不同的指令，帮助你去修行。我们给出种种指导，不是为了强迫你去做某种特别的修行，不是说你应该这么做或不应该那么做。你可能会得到各种各样的指导，但修行全在于你自己。

谢谢各位。

自己去探寻

"无论发生什么事情，不管你认为它是好事还是坏事，仔细去参究，看看你能发现什么。这是禅修的根本态度。有时，你做事情可能没有太多的原因，就像孩子画画，不管他画的好不好。如果这对你来说很困难，那么你实际上还没有做好禅修的准备。"

在坐禅时或在生活中，你会遇到许多困难或问题。当你遇到问题时，看看你自己能否找出你碰到这个问题的原因。你通常会试着以最佳的方式尽快解决困难。你会问别人为什么你会有此难题，而不是自己去参究。这种方法在你平常的生活中可能行得通，但如果你想习禅，这是不管用的。

当别人告诉你一件事情而你认为自己听明白了的那

一刻，你就会执着于此，并失去你本性的完整功能。当你探寻某个东西时，你的真如本性在充分发挥着作用，就好像你在黑暗中找寻着自己的枕头一样。如果你已经知道枕头在哪里，你的心就没有完全发挥作用，只是用有限的感知在运作而已。当你不知道枕头在哪里而去找寻时，你的心就对一切万物敞开，你就会看到事物的本来面目。

如果你想探究一件事情，最好不要提前知道答案，因为你不会满足于别人告诉你的答案，而且你不能依赖别人设定好的框架。你学习佛法而不知道要如何学习，你就会自己去找出"佛性""修行"或"开悟"的真正意义。

既然你要寻求解脱，你会尝试各种不同的方法。当然，你有时会发现自己在浪费时间。如果一位禅师常喝日本清酒，你会以为开悟的最佳方法就是喝日本清酒。但尽管你像他那样喝了许多清酒，你还是不会开悟的。看起来你似乎浪费了时间，但那种态度是很重要的。如果你坚持这样去探寻，你在领会事物方面的能力就会提升。你所做的一切都不是在浪费时间。

当你以局限的想法去做事情，或带有明确的目的，你所得到的是实实在在的事物。这会掩盖你的内在本性。所以，你修习什么并不重要，重要的是看清事物的本来面目，并接受它。

你们有的人可能只有在喜欢某个事物时才会去学习它；如果不喜欢，你就忽视它。这种方式是自私的，也会限制你的学习能力。无论是好的还是坏的，是大的还是小的，我们都去参究一番，以便找出事物如此这般的真正原因。如果你只是努力去探寻好的事物，你就会错过某些东西，你会一直限制着自己的能力。当你活在一个有限的世界里，你就无法接受事物的本来面目。

尽管一位禅师只有两三个学生，他也绝不会将修行之道详尽地告诉他们。跟他参学的唯一方法就是和他一起吃饭，和他交谈，每件事都跟他一起做。你去协助他而没有人告诉你要如何协助他。大多数时候，他看起来好像不太高兴，总是训斥你却没有明显的缘由。因为你找不出缘由，所以你也不太高兴，他也不太高兴。如果你真的想跟他参学，你会仔细研究如何让他欢喜，如何使自己跟他参学的日子愉快起来。

你可能会说这种修行方式非常老套。也许确实如此，但我想，在西方文明中也有这种生活，尽管跟我们在日本的形式不完全一样。人们跟老师参学时会觉得日子很难熬，原因是没有特定的方式让他们去学习。我们每个人都与别人不一样，所以我们每个人都必须有自己的方式，并应该根据情况而做出改变。你不能执着于任何事情。唯一能做的就是在新的情况下，找出合适的方式采取行动。

例如，我们早上要打扫卫生。这里没有足够的抹布或扫帚，所以你很难参与到这项工作中来。即使在这种情况下，你也是可以找到事情做的。我不怎么训斥你们，但如果我是位严厉的禅师，我会很生你们的气，因为你们太轻易放弃了，你们可能会说"啊，不，这里没有多少清洁用具"或者"我没有什么可做的"。你们很容易会这么想，并会轻易放弃。在这种情况下，请花点功夫去想想要如何修行。如果你们觉得很困，你们可能会想："最好去休息一下。"的确，有时休息一下是很好的，但同时这也是修行的绝佳时机。

我在永平寺协助我的师父处理寺院事务时，他什么也没有告诉我，但是每当我犯错了，他就会斥责我。通常打开滑动扇门的方式是推开右边那扇门，但当我这么开门时，我就挨骂了："不要这样开门! 不是那一边!"于是第二天早上，我就推开另一边门，我又挨骂了。我不知道该怎么做才好。后来我发现，我推开右边门的那天，师父的客人正好坐在右边，所以我应该打开左边那扇门才对。开门之前，我应该先细心留意他的客人坐在哪一边。

我被指定去服侍师父的那天，我端了一杯茶给他。一般情况下，倒茶会把茶水加至八分满。既然有这条规矩，我就给他倒了七八分满的茶水，他说："给我热茶，我要滚烫的浓茶，把整个杯子倒满。"于是第二天早上，正好来了一些客人，我就把所有的杯子倒满滚烫的浓茶，几乎九成九满的茶水，然后端给他们。我又挨骂了！其实没有什么规则。他自己喜欢喝滚烫且苦涩的茶水，要倒至杯子边缘，但几乎所有客人都不喜欢喝滚烫而苦涩的茶。因此，对师父，我应该奉上热浓茶；而对客人，我就应该以平常的方式奉茶。

师父从来没有告诉我任何事情。当我比起床铃声响起的时间早了二十分钟起床，我就挨骂了："不要那么早起床！你会打扰我睡觉的。"一般而言，如果我起床早了，那是好事，但对他来说，就未必如此。你试着更深入地去理解事情，不带有任何规矩或成见，这就是无我的含义。你也许会说，那是个"规矩"，但"规矩"本身就已经是一个自私的观念。其实并没有什么规矩，所以当你说

"那是规矩"时，你就在把某些事情强加于人。

只有当我们没有时间，或者不能更亲切地帮助他人时，才需要规矩。说"这是规矩，所以你要遵守"是很简单，但实际上，那不是我们的修行之道。也许对于初学者而言，指导是必要的；但对于资深的同修，我们不会给予太多指导，他们可以尝试各种方法。如果可能的话，我们会逐一给大家指导，可是那很难做到，所以我们会进行小组指导，或者做一场像这样的演讲。但不要执着于这场演讲，思考一下我讲话的真正意思。

我很抱歉无法给你们多少帮助，但真正的习禅之道不在言语上，只需敞开自心，放下一切。无论发生什么事情，不管你认为它是好事还是坏事，仔细地去参究，看看你能发现什么。这是禅修的根本态度。有时，你做事情可能没有太多的原因，就像孩子画画，不管他画的好不好。如果这对你来说很困难，那么你实际上还没有做好禅修的准备。

这就是所谓的"屈服"，即使你没有什么好屈服的。你要继续时时刻刻找寻你自己，不要因为执着于某条规则或某种认识而迷失自己，这是你唯一要做的事情。

谢谢各位。

对自己慈悲

"我们注重的是温暖的心，温暖的坐禅。我们在修行时感受到的那份温暖，换句话说，就是开悟或佛心。"

我希望你们对真正的修行有切身的感受，因为虽然我从年轻的时候就开始修习坐禅，但我当时并不知道禅修的真正意思。有时，我很佩服在永平寺和其他寺院里众人的修行功夫。当我遇到高僧大德或聆听他们的开示时，我深受感动。但是，要理解那些经历并不容易。

我们的目标就是在修行的每个瞬间能体会到圆满。我们的禅法所教导的是，开悟和修行是一体的，而我从前的修行却是所谓的"梯子禅"，我当时想："现在我就领悟了这么多，明年我会领悟得更多一些。"这样的修行并没有多大意义——我永远也无法满足。如果你尝试了阶梯式的修行，也许你也会认识到那是一个错误。

如果在我们的修行中缺乏温暖而强大的满足感，那就不是真正的修行。即使你打坐时，努力保持正确的坐姿，并数着呼吸，也仍然可能是死气沉沉的坐禅，因为你只是按照指示去做。你对自己还不够慈悲。你以为只要遵循某位师父的指导，你就能把坐禅练好，但指导的目的只是为了鼓励你慈悲地对待自己。进行数息的练习，不只是为了避免起心动念，也是为了好好地关照你的呼吸。

如果你对自己的每次呼吸都充满了关爱，你就会在坐禅中体会到精神焕发而无比温暖的感觉。当你对身体和呼吸有种温暖的感受时，你就能关照自己的修行，你会深感满足。当你对自己非常慈悲时，你自然会有这种感觉。

即使一位母亲可能不知道怎么让她的宝宝幸福快乐，但她也会把孩子照顾好。同样地，当你照顾好自己的坐姿和呼吸时，就会有种温暖的感觉在其中。如果你在修行中感受到了温暖，那就是佛陀大慈大悲的实例。无论你是出家僧人还是在家居士，这种修行会延伸到你的日常生活之中。当你对所做的一切都给予最大限度的关照，那么你会感到愉悦。

洞山良价禅师[1]有过多次开悟的经历。有一次，他越过一条小溪时，看到自己在水中的倒影，于是作了一首偈子："切忌从他觅，迢迢与我疏。我今独自往，处处得逢渠。渠今正是我，我今不是渠。应须这么会，方得契如如。"[2]实际上，你就在溪水之中。你可能会说那只是自己的一个倒影而已，但如果你用一颗温暖的心去仔细观察，那就是你。

当你以一颗暖热的心去处事，文殊师利菩萨（佛教中代表智慧的菩萨）就现前了，真实的你也现前了。你无须思索文殊师利菩萨在何处，或者他在做什么。当你以温暖的心去做事情，那便是真正的修行。这也是如何关照事物、如何与人沟通的方法。

你们当中有些是僧人，有些则不是，而你们每个人

---

1. 洞山良价禅师（807—869），唐代高僧，与弟子曹山本寂（840—901）共同创立了中国佛教禅宗五大家之曹洞宗。其著作有《宝镜三昧歌》《玄中铭》《洞山语录》等。——译者注
2. 出自《洞山良价禅师·洞山偈》。"渠"，即他。"如如"，即真如、实相。——译者注

都将走上属于自己的道路；你们当中有些人还没结婚，有些人已经结婚了，你们每个人都会有自己的方法把修行延伸到自己的日常生活之中。虽然大家的情况不一样，但修行是相同的，我们都会有遇见文殊师利菩萨的时候。虽然他只有一身，但他无处不在，他与每个人、每个事物同在。修行的秘诀就是不要忘记佛陀真正的慈悲，他关照着万事万物。如果忘记了这一点，那么无论我们做什么都没有意义。

所以，我们注重的是温暖的心，温暖的坐禅。我们在修行时感受到的那份温暖，换句话说，就是开悟或佛的慈悲、佛心，这不仅仅是在练习数息或者随息。如果你觉得数息法很乏味，那么也许只采用随息法更好。但关键是要在吸气和呼气时照顾好你的呼吸，就像母亲照顾她的宝宝一样。如果宝宝笑了，妈妈也会笑；如果宝宝哭了，妈妈就会担忧。让自己与修行合而为一，这种亲密关系即是修行的要点。我所说的不是什么新的教示，只是老生常谈罢了！

我们的清规是建立在仁慈、暖热心肠之上的。这些规矩不是为了限制你的自由，而是给你自由去按自己的方式行事。我们并不是要从字面上去遵守这些规条。实际上,如果你偶尔违反了规定,我们就会知道你有哪方面的问题,你的老师不会批评你,也许还能更精准地帮助你。通过这种方式,你就能提升自己的修行,以便更好地控制自己的欲望和管好自己的日常生活。这样,你就会得到超然物外的大自在。这就是我们出家僧人和在家居士共同的修行目标。

　　请关照你的修行,要对自己非常慈悲。

　　谢谢各位。

恭敬万物

"我们想让万物为自己所用，而不是去恭敬万物；如果它们难以为我们所用，我们就想征服它们。这种想法并不符合修行的精神。"

坐禅时，我们止息妄念，摆脱了情感活动。我们不会说自己没有情感活动，只是我们不受其影响而已；我们也不会说自己没有妄念，只是我们生活中的各种活动不受妄念所限制罢了。简言之，我们可以说我们完全信任自己，没有妄念、没有情感，没有善与恶、是与非的分别心。因为我们恭敬自己，并对生活充满信心，所以我们打坐。这就是我们的修行。

当我们的生活建立在恭敬和完全信任的基础上时，那将是一片祥和安宁。我们与自然的关系也应该如此。我们应该恭敬万物，而且我们可以通过与事物相处的方式来修习如何恭敬万物。

我们今天早上在禅堂礼拜时，我听见头上传来一阵巨大的声响，那是由于楼上餐厅里的人们推着椅子在瓷砖地板上走过，而没有把椅子拿起来。这不是对待椅子的正确方式，这样不仅会打扰楼下禅堂里正在礼拜的人们，而且从根本上来说，这并不是一种恭敬事物的方式。

推着椅子在地板上走确实很方便，但会给人一种懒惰的感觉。当然，这种懒惰是我们文化的一部分，并最终致使我们互相争斗起来。我们想让万物为自己所用，而不是去恭敬万物；如果它们难以为我们所用，我们就想征服它们。这种想法并不符合修行的精神。

同样地，我们的师父岸泽惟安（Kishizawa Ian）从不允许我们每次搬动一块以上的雨户（amado）。你们知道什么是"雨户"吗？那是遮挡在障子[1]外面的木质门板，用来保护障子免受暴风雨的侵袭。建筑物的后部一般会有个大箱子，就是用来存放雨户的。因为雨户是可以滑动的，一个僧人可以很轻易地推动五六扇门板，另一个

1.一种日式房屋中作为隔间使用的可拉式糊纸木制窗门。——译者注

僧人则等着将它们收进箱子里。但我的师父不喜欢这样做，他吩咐我们要一块一块地搬走。所以，我们推一块门板，就把它放进箱子里，每次只搬一块。

当我们小心翼翼地将一张一张椅子拿起来，而不发出太大的声响，那么我们在餐厅中也能体会修行。我们修行时当然不会制造出太大的噪声，但那种感觉相当不同。当我们这样去修行时，我们自己就是佛，而且我们也恭敬自己。对椅子用心就意味着我们的修行已经超出了禅堂的范围。

如果认为有了庄严华丽的道场，我们修行起来就会很容易，那就错了。我们这里有一尊庄严的佛像，还供奉了美丽的鲜花来装饰佛堂，可实际上，在这种环境下可能很难以坚强的精神去专心修行。我们禅宗有句谚语说，用一片草叶，就能做出一尊十六尺高的金佛。这就是我们的精神，所以我们需要修习恭敬万物。

我的意思并不是说我们应该收集许多树叶或草叶，用来做一尊大佛像，但在我们能从一小片叶子中看见一尊大佛之前，我们在修行上还需花更多的功夫。我不知道需要花多少功夫，有的人可能会很轻松，而对于像我这样的人，则需要付出很大的努力。虽然从一尊大金佛中看见大金佛比较容易，但是当你从一小片叶子中看见一尊大金佛时，你的那份喜悦是非常殊胜的。因此，我们需要多加努力去修习恭敬心。

人人都可以到这个禅堂来修习我们的禅道，无论是有经验的同修还是对"禅"一无所知的人士，两者都有各自的难处。新来的学人会遇到他们从未想象过的困难，而有经验的同修则肩负着双重责任——既要做好自己的修行，又要鼓励后来者。有经验者不必告诉新来者"你应该这么做"或"你不该那么做"，而应该引导新来者，让他们能更轻松地修习禅道。

尽管新来的学人不知道佛教是什么，但当他们来到一个庄严华丽的佛堂里，自然会生起好感，那是佛国净土的装饰在起作用。不过，对于禅宗弟子而言，真正装饰了佛殿的是在这里修行的人们。我们每个人都应该是朵美丽的鲜花，每个人都应该是佛，引导着人们修行。无论我们做什么，都想着要如何去做这件事。既然没有特别的规矩去规定我们要如何对待万物，要如何与人为善，我们就要不断探究如何帮助大家进行共修。如果你没有忘记这一点，你就会悟出待人、接物和待己之道。

这就是我们所谓的"菩萨道"。我们的修行就是要帮助众生,而为了帮助众生,我们找到了每时每刻修行的方法。打坐时,止息我们的妄念,并摆脱情感活动,这不仅仅是专注。这是要完全依赖自己,从修行中找到绝对的庇护,自己就像坐在母亲膝盖上的婴儿一样。

我觉得我们在这个禅堂里有种非常好的精神。我对这种精神十分赞叹,但接下来的问题是,如何将这种精神延伸到你的日常生活之中?你可以通过恭敬万物、恭敬彼此来做到这一点,因为当我们恭敬万物时,我们便会发现它们真实的生命。例如,当我们恭敬开花植物时,就会发现它们真正的生命,即花朵的力量和美丽。

虽然爱心很重要,但如果爱心离开了真诚和恭敬,那是没有用的。只有怀着广大的心量,怀着纯粹的真诚和恭敬,"爱"才能是真正的爱。所以,让我们竭力找出如何使一片叶子成为一尊大佛的方法吧。

谢谢各位。

遵守戒律

"如果你持戒而没有刻意要持戒的念头，那就是真正的持戒。"

在全莲花坐姿（双盘）中，我们把右脚放在左腿上，然后把左脚搭在右腿上。从象征意义上来说，右边代表活动，而左边正好相反，代表内心的平静。如果左边代表智慧，右边则代表修行。而当我们盘起双腿时，我们不知道哪条是左腿，哪条是右腿。因此，虽然我们有两条腿，但从象征意义上来说，我们整个人是"一体的"。我们的坐姿是正直的，而不会向左或向右倾，也不会向后或向前倾。这表现了修行者对超越二元思维的佛法的充分领悟。

当我们将这一点延伸开来，自然就有了戒律，并要学习如何遵守戒律。这个坐禅姿势不只是一种训练，更是佛陀传法给我们的实际方法。言语本身不足以实现佛陀教化的目的，所以就通过行为活动或人与人之间的关系来传法。

除了戒律，我们还有师徒关系。徒弟必须选择师父，然后师父会收下这个徒弟，尽管有时师父会给这个徒弟推荐另一位师父。在师父之间不应该有任何的冲突，如果一位师父认为另一位师父更合适，他就会将其推荐给这个徒弟。

一旦你成为一名徒弟，就要专心投入佛法的学习中去。刚成为徒弟时，你希望能与师父一起修学，不是因为你想学习佛法，而是有其他的原因。不过，这也没关系。如果你把自己完全奉献给老师，你就会明白，你会成为你师父的徒弟，你就能传承我们的修行之道。这种师徒关系非常重要，同时，师父和徒弟能做到真正意义上的师父和徒弟，则相当困难。因此，师徒双方都应该尽自己最大的努力。

师父和徒弟会一起进行各种仪轨的修行。仪轨不仅仅是训练，通过仪轨，我们互相交流，并从真正意义上传授佛法。我们强调"无我"。当我们一起修行时，我们就会忘记自己的修行。这既是个人的修行，却也是众人的修行。例如，念诵经文时，我们说："用耳朵去诵经。"然后，我们用耳朵去听他人诵经，自己用嘴巴做自己诵经的修行。这样，我们才从真正意义上做到完全的无我。

无我并不是指放弃自己个人的修行。真正的无我是忘记了无我这回事。只要你认为"我要修的是无我"，那就说明你有我执，因为你执着于放弃以自我为中心的修行。当你把个人的修行融入大众的修行之中，那么真正的无我就会显现。那种无我并不只是无我，它还包含了自我的修行，但同时也是超越了自我和无我的那种无我的修行境。你们明白吗？

对于持戒也是如此。如果你刻意要持戒，那就不是真正的持戒；如果你持戒而没有刻意要持戒的念头，那就是真正的持戒。我们内心深处的本性会帮助我们。当我们明白了这些戒律其实是我们内心深处本性的表现，即"法尔如是"（道本来就是如此），那就无所谓戒律可言。当我们在表现自己内心深处的本性时，则无需戒律，所以我们并非在持戒。另外，我们的本性有着另一面，所以我们想要持戒。我们觉得持戒是必要的，这会有助于我们修行，当我们从这种负面或禁止性的角度去理解戒律时，那也是我们的真如本性在绽放。所以，我们可以选择持戒的方式,一种是正面的,另一种是负面的。而且,如果我们觉得自己无法遵守所有的戒律,那么我们可以选择那些自己能坚持遵守的戒律。

戒律不是由他人设立的规矩。既然我们的生活是我们真如本性的体现,如果这种体现出了问题,佛陀会说不该如此,这样就形成了戒律。是实际事件或事实发生在先,而不是那些规矩制定在先。所以,正是戒律的本质让我们有机会选择我们要遵守的戒律。如果你往这边走,你就会有这些戒律;而如果你往另一边走,你就会有另一些戒律。无论你走哪条路,这都在于你自己。你走哪条路都会有相应的戒律。起初,你应该依赖你的老师。这是最佳的办法,你先从遵守禁戒开始入门。当你对我们的修行逐渐纯熟了,你对持戒就会有更为正面的理解。

老师如何指出学生的错误是非常重要的一点。如果老师认为学生的行为是错的,他就不是一位真正的老师。也许那是个错误,但那是这个学生真如本性的表现。当我们明白了这一点,我们就会尊重学生的真如本性,在指出错误时就会小心谨慎。

关于要如何小心谨慎地指正弟子,佛经中指出了五点：第一点，师父要选择合适的时机，而不应该当众指出徒弟的错误。如果可以的话，师父要在合适的时间和地点私底下指出其错误。第二点，师父要谨记以实相告。这是说，师父指出徒弟的错误，不仅仅是因为自己认为徒弟做错了；当师父明白了徒弟为什么会这么做，他才能做到以实相告。

第三点，师父要温和平静，说话声音要低，不应该大声叫嚷。这一点非常微妙，就如同以实相告一样，但此处经文强调的是，在谈论他人的错误时，态度要平和。

第四点，师父给出忠告或指出徒弟的错误，只是为了帮助他，而不是为了宣泄胸中的愤懑。师父要非常细心留意徒弟是否在为所做的事情找借口，或者是否不够严肃认真。果真如此，师父应该不理会他，直到他态度认真起来。虽然我们只是为了帮助徒弟而给出忠告，但这并不代表总是要对徒弟很宽松。有时我们应该对徒弟非常严厉，否则我们无法真正帮助他。

最后一点，指出徒弟的错误时，师父要心怀慈悲。这是指师父不仅是师父，也是徒弟的朋友。师父要以朋友的身份指出问题或给予忠告。

所以，无论做师父还是做徒弟都不容易，而且我们不能依赖任何事物，就连戒律也不可依赖。我们要尽最大的努力互相帮助。我们不只是为了持戒而持戒，也不只是为了仪式的完美而修习仪轨。我们是在学习如何表现自己的真如本性。

　　谢谢各位。

纯净之丝，锐利之铁

"我们练丝时会把丝淘洗许多遍，从而使丝线变得洁白而柔软，容易编织。我们炼铁时会趁热打铁，不是为了锻造或塑形，而是要使它坚硬。"

上个星期，有一个主日学校的小孩看见我坐禅，她说："我也可以做这个。"她盘起双腿，然后说："接着呢？接着呢？"我对她的提问很感兴趣，因为你们许多人都有着同样的疑问。你们每天来到这里禅修，也会问我："然后呢？接着要怎么做？"

我觉得我无法彻底解答这一点。这不是一个能回答的问题，你应该自己去找出答案。我们以规范的姿势来打坐，从而我们能通过自己的身体去体会，并非通过我的教授，而是通过你的亲身实践。然而，能够以某种特定的姿势打坐，并能达到某种特定的心境，这并非完美的修习。当你对身心有了充分的体悟之后，你就能以其他的方式将其表达出来。

　　无须执着于标准的打坐姿势，你自然会以各种不同的方式将心中的感悟传达给他人。无论你是坐在椅子上还是站着，是在工作还是在说话，你的心境都始终如一。那是一种不执着于任何事物的心境，这就是我们修行的目的。

　　昨天，一位日本访客谈到日本文学。从大约公元600年或700年起，日本人就在学习中国汉字和中国文化，在使用了中国汉字一段时间后，日本人就建立起自己的文字书写方式。在（美国）这里，我们的修行也会经历同样的过程。在日本政府停止派遣学生到中国学习中国文化的一百年后，日本就发展出了雅致的本土文化。尤其是在藤原氏时期，日本产生了优美的文学作品和书法艺术，其中有着极大的自由度。艺术家和学者们研究艺术、哲学和宗教，他们尝试学习各种各样的学科，并有很好的老师。

　　而在藤原氏时期之后的作品就比较逊色。那位访客认为，后期的一些书法作品太过正规，过多地展现了艺术家的自我意识。我们在他们的书法中看不到任何个性。我们从艺术作品中看到的个性，应该是训练有素而没有多少自我意识夹杂在其中。我想，你们能够理解个性和自我意识的区别。自我意识会掩盖你良好的个性。每个人都有自己的性格特点，但如果你不修炼自己，你的性格特点就会被自我意识所遮蔽，你就无法欣赏自己的个性。

通过长期的修行和训练，我们就会摆脱自我意识。日语中有个表示这种训练的字，就是"涑"（neru），它指的是我们如何通过多次淘洗来练丝，从而使丝线变得洁白而柔软，易于编织。我们炼铁时会趁热打铁，不是为了锻造或塑形，而是要使它坚硬。等铁冷却下来后再敲打，那就不管用了。修炼正是如此。当你年轻的时候，你会充满自我意识，充满欲望。通过修炼，你磨擦、洗涤你的自我意识，你就会变得相当柔软，就像纯白的丝绸一样。即使你有强烈的欲望，如果你锤炼的功夫到位，你就会得到坚固锐利的铁器，就像一把日本刀一样。这就是我们修炼自己的方法。

这不是我该谈论的事情，而应该通过我的日常生活给你们展现出来。可那样不太好，我担心你们只学到我的缺点。我们要知道自己为何修习坐禅，而且要能区分哪

些东西是真正的好，哪些只是看起来好。这其中有着很
大的区别。

　　除非你通过艰苦的修行训练自己，否则你将无法看
到，也无法欣赏那些真正美好的事物。只有当众人能看
到或感受到好的事物，我们才会有好的老师和学生。这
是相互修行。佛陀之所以伟大，是因为当时的人们是优秀
的。当人们学佛的机缘尚未成熟时，就不会有佛陀的出
现。我并不指望你们每个人都成为优秀的老师，但我们
必须要有慧眼看出哪些是好的，哪些不太好。这种心境
可以从修行中习得。

　　即使在藤原氏时期，中国的文化和书法已远在日本
之上。中国人有各种毛笔，而且比日本人更常使用毛笔。
日本制造毛笔的材料要少一些，虽然日本有许多竹子，
但制作羊毫笔或狼毫笔的材料却很少。所以，日本人在
书法上的训练比中国人更为有限。可是，日本人在完全
掌握了中国书法之前就已经开创了独具特色的日本书
法，我觉得这一点很有意思。

　　历史上，佛教徒在这一点上是非常诚挚的，这是佛
法得以传承的原因。中国的大师尤其注重传承。徒弟必
须完全掌握了师父的方法后才能出师。那是非常艰苦的

修行，这就是要历经那么长的岁月才能成为一位禅师的
缘故。那不是知识，也不是某种能力。关键在于这个人是
否受到了足够的训练，就像纯净的白丝和无比锐利的铁
器一样。到了那个时候，你无须刻意去做任何事情，就
能真正地表达你的个性。如果我们不能从一个人的作品
中看出其真实个性，那就说明这个人还没有消除自己的
习气。

我自己的习气就是心不在焉。我天生就非常健忘，
虽然我从十三岁追随我的师父修学时就开始对治这一毛
病，但我对此一直无能为力。我并不是由于年纪大了才健
忘，而是由于我的习性如此。但在对治这个毛病时，我发
现自己可以去除自私的处事方式。如果修行和训练的目
的只是纠正自己的缺点，我想那几乎不可能成功。即便
如此，我们还是有必要纠正这些缺点，因为在这个过程
中，我们的性格会得到锤炼，我们会从自我意识中解脱
出来。

人们总说我非常有耐心，但其实我有着非常不耐烦
的性格特点。我天生的性格是非常不耐烦的。我没有再
试图去纠正它，但我不认为自己曾经的努力是白费的，因
为我学了许多东西。我在对治自己的习气时必须非常有

耐心，而且当别人批评我没记性时，我也必须非常有耐心。"啊，他记性真差，我们根本不能依赖他。我们该拿他怎么办呢？"

我的师父以前天天训斥我："这个没记性的孩子！"但我只想留在他身边参学，而不想离开他。无论师父说什么，我都耐心接受。我想，这就是我对他人的批评能够非常有耐心的缘故。不管他们说什么，我都不太在意。对他们，我也不太生气。如果你懂得这样去修炼自己有多么重要，我想你就会明白佛法是什么。这是我们修行中最重要的一点。

谢谢各位。

第四部分
并非总是如此

"这就是禅法的秘诀。事情可能如此,但并非总是如此。不执着于语言文字或各种规条,不带有种种成见,我们其实就在做着某件事情,做事情时我们就把佛法应用起来了。"

并非总是如此

　　"真正的自在，是当你穿着这件又麻烦又正式的禅袍而不觉得受到限制。同样地，在我们繁忙的生活中，我们应该穿着这件'文明'的大衣而不受其所扰，不忽视它，也不沉迷于其中。"

　　佛教经典中有一段著名的经文，阐释了水不仅仅是水的道理。对人类而言，水是水；但对天人而言，水是珠宝；对鱼类而言，水是它们的家；而对地狱道或恶鬼道的众生而言，水则是血，或者是火，如果他们想喝水，水就会变成火，他们便无法饮用。相同的水在不同的众生看来是迥然不同的。

　　大多数人认为"水是水"才是正确的认识，水不应该是家、珠宝、血或火。可是道元禅师却说："尽管你说'水是水'，但这也不太正确。"

坐禅时，我们可能会想："这就是正确的修行之道，我们定会达到某种正确、完美的境界。"但如果你问道元禅师，他也许会说："不太对。"这一点可是个供你好好参究的公案。

当我们说"水是水"时，我们是从物质层面上来理解事物的。我们说水是H_2O，但在某些情况下，H_2O可能是冰或者是雾，还可能是蒸汽或者是人体。它只在某些情况下是水。为了方便起见，我们姑且说水是水，但我们应该从真正意义上去认识水——水不仅仅是水。

当我在喝水时，水就是万物，整个世界都是水。除了水以外，什么都不存在。当我们以这种认识和态度去喝水时，那确实是水，但同时，它又不仅仅是水。

当我们在禅修时"只管打坐"，我们包含了一切。没有其他事物，就只有我们自己。那便是"只管打坐"。我们完全成为我们自己。我们拥有一切，而且我们非常满足。没有什么要得到的，所以我们心中充满感激或喜悦。

我想，我明白你们为什么要修习坐禅。你们大多数人都在寻求着什么。你们寻找真实的东西，因为你们听过许多自己无法相信的事情。你们甚至不是在寻找美丽的事物，因为你们已经发现，那些看上去美的东西实际上可能并不美，那只是事物的表象或者装饰。你们也认识到人有多么虚伪。许多人看起来颇有德行，却不会表达出心中真正的感激或喜悦之情，所以你们不会信任这种人。

你们不知道要相信谁，或者相信什么教理，所以你们来这里寻找某种东西。我无法给予你们想要寻找的东西，因为我自己并不相信任何特别的事情。我不会说水是水，或者说水是珠宝、家、火或血。正如道元禅师所说的，水不仅仅是水。我们想坚守正义、美好、真理或道德，但追求那样的事物并不明智。除了这些以外，还有更多的东西。

我留意到你们喜欢旅行。今天去阿拉斯加，明天去印度和中国西藏。你们在追求着什么，不管那是火、珠宝，还是其他东西。当你意识到事情并非总是如此，你就无法再相信那些东西了，你寻找真理的方式会有所改变。否则，你会执着于某个事物。

寻找像佛法一样伟大的教理，就是在寻找美好的事物。无论你找到什么，你都会像个观光旅客。虽然你没有开车去旅行，但在精神上，你就是在观光游览："啊，多么美好的教导！这才是真正的教示！"变成观光者是禅修的危险之一。要小心！执迷于教理是毫无益处的。不要被万物所欺骗，不管是美好的事物还是貌似真实的东西，这只是游戏而已。你应该相信佛、法、僧三宝的真正意义。

真正的自在，是当你穿着这件又麻烦又正式的禅袍而不觉得受到限制。同样地，在我们繁忙的生活中，我们应该穿着这件"文明"的大衣而不受其所扰，不忽视它，也不沉迷于其中。不必去某个地方，也无须逃避，我们便能在这繁忙的生活中找到从容自若的定力。

道元禅师说，要像个船夫。虽然他被船所负载着，但他也是掌船之人。这就是我们活在这世上的方法。虽然你明白要如何像个船夫一样活在这个世上，但那不代表你能做到。这是非常困难的，也是你修习坐禅的原因。

昨天我说："不管你的腿有多痛，你也不该动。"有些人可能会从字面上去理解我说的话。我真正的意思是，你修习坐禅的决心不应该动摇。如果腿太痛了，你可以换个姿势，但你的决心应该不为所动。而"应该"在此处也是个好例子，并不是非得如此。

曹洞禅的秘诀就只有这几个字："并非总是如此。"

这就是禅法的秘诀。事情可能如此，但并非总是如此。不执着于语言文字或各种规条，不带有种种成见，我们其实就在做着某件事情，做事情时我们就把佛法应用起来了。

死板地执着于某事即是懒惰。在你着手做一件难事之前，你想要把它弄明白，所以你就会受到文字的束缚。当你有足够的勇气去接受周遭的一切，而不去评判什么是对的、什么是错的，那么传授给你的教理才会有用。如果你被教理束缚住了，你就会有双重的问题——应该遵循教理呢，还是按自己的方法来呢？这个问题其实是由于你执着于教理而产生的。因此，先修行，再应用教理。

我们修习坐禅要如同濒临死亡的人一样，没有任何东西可以仰仗记录卡，也没有任何东西可以依靠。因为你快要死了，你不想要任何东西，所以你就不会受任何事物欺骗。

大多数人不仅被某些东西所欺骗，还被自己欺骗了，被自己的能力、美貌、自信或外表欺骗了。我们要知道自己是否在欺骗自己。如果你被其他事物欺骗了，伤害不会那么大，但如果你被自己欺骗了，那就是致命的伤害。

你可能会对这种禅道的生活方式或者对这世间的
生活产生抗拒心理,但不要在抗拒中迷失自己。明白了
吗? 如果你深陷于对抗或斗争之中,你会迷失自己的。你
会失去力量,失去朋友和亲人。你会失去一切,你的自
信、你眼中的光亮。你就是一具死去的躯体! 没有人会
说:"啊,真遗憾。"没有人会这么说。看看你在镜子里的
脸,看看自己是否还活着。即使你修习坐禅,但如果你不
停止受骗,那也无济于事。你们明白了吗?

趁着我们还活着,努力修行吧。

谢谢各位。

实相的直接体验

"当你用全身心去学习某样东西时，你就会有直接的体验。如果你认为自己有某个问题，这就表示你修得还不够好。如果你的修行功夫够好的话，那么不管你看见什么，也不管你做什么，那都是对实相的直接体验。"

道元禅师曾说："山岳与江河，大地与天空———一切万物都在促进我们开悟。"同样地，我演讲的目的就是要促使你们开悟，并对佛法有真实的体验。即使你们以为自己在阅读佛经典籍时就是在学习佛法，但你们可能只有知识性的理解，而没有直接体验。

知识性的理解是必要的，但如果只有这一方面，你的学习是不完整的。这并不是说要忽略知识性的理解，也不是说开悟完全不同于知识性的理解。对事物真实、直接的体验可以被拿来作理性研究,而这种概念性的解释可以帮助你获得直接的体验。知识性的理解和直接体验都是必要的,而了解二者的区别也十分重要。有时你可能会以为某件事情是一次开悟的体验,但它其实只是知识性的。这就是为什么你必须有一位真正的老师,因为他懂得其中的区别。

所以,我们学习佛法时必须有坚定的信念,不仅要用心去学习,身体也要参与其中。如果你来听讲座,即使你很困,听不进去,但你的出席也会给你带来一些开悟的体验,这就是开悟本身。

当你完全与自己的行为活动合而为一,没有了自我的观念时,就会产生直接体验。这可能在你坐着的时候,也可能在你求道之心无比强烈,以至于你把自私的欲望通通忘记的时候。如果你认为自己有某个问题,这就表示你修得还不够好。如果你的修行功夫够好的话,那么不管你看见什么,也不管你做什么,那都是对实相的直接体验。这一点应该要牢记。如果不懂得这一点,我们往往会给出种种评判,就会说出"这是对的""那是错的""这是完美的""那样不完美"的言论。当我们在真正修行时,这种行为显得太荒谬了。

有时我们可能会说，对佛而言，没有什么是错的。不管你做什么，那都是"佛在做，而不是我"，或者那是"佛的责任，与我无关"。但如果你以此作为借口，那就是个误解。我们说"一切众生皆有佛性"，这是为了鼓励你亲身去体验佛性。这句话的目的只在于鼓励你去老实修行，而不是给你的懈怠或只流于形式的修行找借口。

在中国，人们会在头上顶着一些物件，也许是盛着蜂蜜或水的坛子。有时候，有人会把头上的东西掉到地上。这当然是个很大的失误，但如果你不回头看，那就没什么。你只需继续自己的修行，即使头上已没有蜂蜜或水。如果你能继续专心修行，那就不是失误；但如果你说："啊！我把它弄掉了！天啊！"那就错了，那不是真正的修行。

当一位功夫纯熟的武林高手使用刀剑时，他能把朋友鼻子上的苍蝇斩下而不会伤到朋友的鼻子。如果害怕割到朋友的鼻子，那就不是真正的修行。当你做一件事的时候，要有坚定的决心去做！咻！（刀剑划破长空的声音）不去想功夫纯熟与否、危险与否，只管去做。当你以这样的信念去做事情时，那就是真正的修行。那便是真正的开悟。

　　这种坚定的信念使你意识到你的人生超越了"成功"或"不成功"。抛开任何恐惧，你只管去做。这就是真正的修行，这就是求道之心，它超越了善恶、对错的二元对立思想。你只管去做。

　　这就是我们修习四弘誓愿的方法。我们帮助众生，只因为我们发心要这么做，而不是因为我们认为自己会取得成功。众生的数量无边无际，所以我们不知道自己能否完全帮助到一切众生。但这没有关系。只要我们在这里，我们就应该继续坚持这种帮助众生的修行。

　　我们深入了解佛法是永无止境的。不管我们理解与否，我们都继续去尝试理解。当我们以这样的信念去修学，我们就会遇上万劫难逢且弥足珍贵的佛法。这种究竟圆满的教导是其他教义无法比拟的。

　　无与伦比的教导并不表示它就是最好的教导。正如道元禅师所说："我们不以比较的方式来讨论教理的意思，而是关注如何去修行。"我们将参学的重点放在如何去接受教理上，并加以践行。如果我们去思考我们的教理是否深奥或高尚，那就没有抓住重点，重点是要培养我们修学的态度。这是禅道的特质，也是真正佛法的特质。我们注重的是真实的修行，而不是要建立起佛法的知识体系。

我们所有的规矩都只是为了使修行更为容易。不是要使门口变窄，而是要对每个人敞开我们的大门。我们知道修行有多么艰难，所以我们制定一些规矩来帮助你修行。如果没有竹竿让你攀爬，你就难以体验到从竹竿顶部跳下来的感觉。如果婴孩没有玩具可玩，他（她）就很难有身为人类的真实体验。我们的那些规矩就是一种玩具，帮助你去体验佛教徒的生活。这并不是说玩具总是必要的，但当你还年少时，它就是必要的。

所以，并非总要执着于这些规矩。重要的是将你的生活方式延伸得更深更广。当你准备好去欣赏万物时，那就没有必要去拥有一只漂亮的瓷碗。不管那是什么，万物都会鼓励你去修行。如果你能真正地享受你的人生，那么即使身体受了伤，也没有关系；即使死去，也没有关系。当你受到万物的鼓舞，并意识到一切万物始终在协助你，那么死去或者活着，其实没有区别。没有问题，完全没有问题。那就是彻底的舍离。

你的修行会有足够的活力，让你可以永远坚持下去，无论生死。这样，我们的开悟就能得到解释。如何进行这样的修行完全在于你自己。我无法诠释你对佛法的理解。你应该以自己的方式去诠释佛教徒的生活。

　　我的演讲只是为了鼓励你修行。你不能完全照搬，但也许我说的话会给你一些建议。

　　谢谢各位。

专注

"你接受自己的妄念，因为它已经出现了，你拿它没办法。其实没有必要去摆脱妄念。这无关对错，问题在于如何以开放的心态去坦然接受你正在做的事情。"

真正的专注不是说只专注于一件事。虽然我们说"做事情要一件一件来"，这句话的意思其实很难解释清楚。只有不刻意把精力放在任何事情上，我们才准备好专注于某件事。举个例子，如果我的眼睛看着禅堂里的一个人，那么我就不可能把精力放在其他人身上。所以，坐禅时，我谁也不看。谁要是动了，我就能立刻注意到。

观世音菩萨是佛教中代表慈悲的菩萨，一般以女子的形相出现，有时也被描绘成男子的形相。有的时候，她现出千手观音的形相帮助众生，但如果她只专注于一只手，那么其余999只手就没有用了。

　　自古以来，修行的重点在于，无论你做什么，都要有一颗清明、半静的心。即使当你吃上一些好东西时，你的心都应该是平静的，能够认识到准备食物的辛劳，以及准备餐碟、碗筷等用具的餐前功夫。怀着一颗平静安详的心，我们能够一样又一样地品尝出每种菜的滋味。我们不加太多的调味料，所以我们能品尝到每种蔬菜的真味。这就是我们的烹饪和饮食之道。

　　要了解一个人，就要感受这个人的风格，也就是你从这个人身上获得的感觉。每个人都有自己的风格，从这种特别的个性中会流露出许多情感。要充分欣赏这种个性或风格，就要与这个人建立起良好的关系。然后，我们才能真正地友好相待。友好相待不是说要黏住某个人，或者试着取悦他，而是要充分地欣赏他。

　　要欣赏万物和他人，我们的心就要平静、清明。所以，我们修习坐禅或"只管打坐"，内心毫无所求。这时，你就是你自己。你"将自己安放在自己身上"。你在修行中得到自在，然而，你所认为的自在可能与禅宗所说的自在不是一回事。要得到自在，我们要盘起双腿，保持身体坐直,让我们的双眼和双耳对一切敞开。这种准备就绪或开放的心态非常重要,因为我们容易走向极端,对事物产生执着。如此一来,我们可能会失去那平静如镜的心态。

坐禅就是我们获得平静和清明之心的方法,但是我们不能在身体上强迫自己,或者制造出某种特别的心境来达到这一目的。你可能会认为,有一颗平静如镜的心就是禅修。的确如此,但如果你坐禅是为了获得这种心境,那就不是我们所指的修行,它反而成了"禅的技艺"。

"真正的禅"和"禅的技艺"的区别就在于你本已拥有真正的禅,而无须下功夫。当你试着去做一件事时,你就失去了它。你只把注意力放在一千只手中的一只手上,你便失去了999只手。这就是我们为什么说"只管坐禅"。这不是说要完全止息你的念头,或者完全专注于你的呼吸,尽管这些方法是一种辅助。当你练习数息时可能会感到无聊,因为这对你来说没有什么意义,但这样你就忘失了何为真正的修行。我们练习专注,或者让我们的心跟随呼吸,这样我们就不会卷入某些复杂的修行之中,试图达到某些境界而迷失自我。

在"禅的技艺"中，你试着成为一位功夫纯熟的禅师，有着非凡的毅力，修得也很好。你心里想着："我要像他一样。我必须努力用功。""禅的技艺"讲究的是如何画出一条直线，或如何掌控你的心。但禅是面向所有人的，即使你画不出直线。如果你能画直线，那就画直线，这就是禅。对孩子来说，画直线是很自然的事，就算线画得不直，那也是好看的。所以，不管你是否喜欢盘腿的姿势，也不管你是否认为自己能做到，如果你懂得坐禅的真正意思，你就能够做到。

最重要的是，修行时只需跟着日课时间表，与大众一起共修。你可能会说，这是集体修行，但其实并非如此。集体修行是很不一样的，是另一种技巧。在"二战"期间，一些年轻人受到日本军国主义氛围的鼓舞，对我背诵了《修证义》[1]里的这句话："了悟生死是修行的重点。"他们说："虽然我对那本经典一窍不通，但我可以轻松地奔赴前线战死沙场。"这就是集体修行。受到号角、枪炮和战斗口号的鼓动，人们可以轻易去赴死。

那种修行也不是我们所说的修行。虽然我们与他人

1.《修证义》主要辑录了道元禅师所著的《正法眼藏》中的精华，为现代日本曹洞宗的重要经典。——译者注

一起共修，我们的目标是与山岳、江河、树木、石头一起修行，与世间万物一起修行，并在这个大宇宙中找到自我。当我们在这个广大的世界中修行时，我们凭直觉就能知道要走哪条路。当周遭的一切给你指明前路，即使你不知道要如何跟随指示，你也会走对方向。

修持我们的禅法是好的，但你可能会带着错误的思想来修行。如果你还能知道，"我犯了一个错误，即便如此，我还是要继续修持下去"，你就没有必要担心。如果你开启了真实的慧眼，并接受那个对修行持有错误观念的你，那就是真正的修行。

你接受自己的妄念，因为它已经出现了，你拿它没办法。其实没有必要尝试摆脱妄念。这无关对错，问题在于如何以开放的心态去坦然接受你当下所做的事情。这才是最重要的一点。当你练习坐禅时，你会接受那个正在妄想的自己，不去摆脱脑海中的那些形象。"哦，杂念来了！"如果有人在那边晃动了，"哦，他在动"。如果他停止不动了，你的眼神还是保持不变。当你没有把眼神专注在某个特别的东西上时，你的眼睛就是这样去观照事物的。这样，你的修行就包含了一切，一种又一种的事物，你也不会失去自己内心的平静。

　　这种修行是无有止尽的。以此为我们的根基，我们便会得到真正的自在。当你用好与坏、对与错来评价自己，那就是个比较值，你就失去了自己的绝对值。当你用无限的衡量标准来评价自己，每个人都会成为真正的自己。那就够了，即使你觉得自己还需要更好的衡量标准。如果你懂得了这一点，你就会知道，对于人类以及一切万物，什么才是真正的修行。

　　谢谢各位。

处处与自己相逢

"只要你执着于'自我'这一观念，努力去提升自己的修行境界或找出某个问题的答案，从而想要创造出一个更好的自己，那么你的修行就已经偏离了正道。你根本没有时间去实现自己的目标。"

我们大多数人都想知道什么是自我，这是一个很大的问题。我尝试去了解为什么你们会有这个问题。在我看来，虽然你想了解自己是谁，但这种探索是永无休止的，你永远也看不透自己。你说，打坐时没有妄念是很难的，但更难的是去参透自我。要得出结论几乎是不可能的，如果你继续苦思冥想，你会疯掉的，而且你不知道该对自己怎么办。

你们（西方）的文化是建立在"自我改善"的观点之上的。"改善"的观点是相当科学严谨的。从科学的角度来说，"改善"的意思是，与以前乘船去日本相比，你们现在可以乘坐巨型喷气式飞机。所以，改善是基于比较值的，这也是我们社会和经济的基础。我明白你们排斥的是那种"义明"的观念，而并不排斥"改善"的观念。你们依然想去改善一些事物。也许你们大多数人打坐是为了提高自己的禅修功夫，但佛教徒并不会那么强烈地执着于"要有所改善"这一想法。

当你坐禅时试图提升自己，你可能想以心理学的方式去认识自己。心理学会告诉你关于自己的某些方面，但它不会告诉你自己到底是谁。心理学只是对你的心做出的多种解释中的一种。如果你去看心理医生或精神科医生，你会源源不绝地得到关于你自己的新知识。只要你去看了医生，你就会感到一些宽慰，觉得自己的负担得以释放，但在禅道中，我们认识自己的方法很不一样。

中国曹洞宗的创立者洞山良价禅师曾说："不要从外界的眼光去看自己。"换言之，不要试图从外界找寻关于自己的、客观真实的信息。那些只是资料信息。他说，真正的你与你所得到的信息大不相同。真正的你根本不是那样的。"我走自己的路。无论走到哪里，我都与自己相逢。"[1]

洞山禅师反对你去执取有关自己的信息，并建议用自己的双足独自前行。不管别人说什么，你应该走自己的路，同时，你应该与大众一起共修。这是另一个修行要点，意思是，与众人一起修行其实就是与自己相逢。

当你看见某人在诚恳地修行，你就看到了自己。如果你对某人的修行大为钦佩，你可能会说："哦，她修得真好。"那个"她"其实既不是她，也不是你，而是有更深的含义。"她"是什么？你思索片刻后可能会说："哦，她就在那边，而我在这里。"但当你被她的修行所触动时，那个其实是真正的你。我暂且称之为"你"，但那个"你"其实是我们修行的纯粹体验。只要你试图改善自己，你就有了"自我"这个核心观念，那就是错误的修行，而不是我们所指的修行。

当你放空内心，放下一切，只是带着一颗开放的心去修习坐禅，那么无论你见到什么，都是与自己相逢。那就是"你"，超越了"她""他"或"我"。只要你执着于"自我"这一观念，努力去提升自己的修行境界，或找出

1.此处指《洞山偈》中的"切忌从他觅，迢迢与我疏。我今独自往，处处得逢渠"。——译者注

某个问题的答案, 从而想要创造出一个更好的自己, 那么你的修行已经偏离了正道。你没有时间去实现自己的目标, 因此你最终会精疲力竭, 还会说: "禅毫无用处。我修习坐禅十年了, 却一无所得!" 然而, 如果你只是来这里与诚挚的同修们一起打坐, 在他们当中发现自己, 并坚持这样修习下去, 那么这就是我们的修行之道。正如洞山禅师所说: "无论走到哪里, 我都与自己相逢。" 如果他看见水, 那就是照见他自己; 对他而言, 看见水便已足够, 即使他不能从水中看见自己的倒影。

因此, 参悟自我之道不在于从外界去了解自己, 或从各种渠道搜集信息。如果别人说你是疯子——"好吧, 我是疯子!" 如果别人说你是个差学生, 也许是吧。"我是个差学生, 但我很努力。" 那就够了。当你这样去打坐, 你就会接受自己, 并接受一切。当你卷入各种无谓的烦恼时, 你就带着这些烦恼打坐。这就是那个时候的你。如果你想要摆脱那些烦恼, 那就已经是错误的修行了。

如果你执着于自己产生的想法, 如"自我"或"客观现实", 你就会迷失在由你的心所创造的客观世界之中。你不停地制造出各种事物, 一个接着一个, 无穷无尽。

你可能会创造出各种不同的世界，而创造并看见各种事物的确很有意思，但你不应该迷失在自己所创造的事物之中。

修行的另一面是我们有思维和行动。我们并不是要像一块石头那样。日常生活就是我们的修行。我们不要成为妄想或情绪的奴隶，我们只是从真正意义上去思考。从真我而来的思想包含了一切。在我们思考之前，树木、鸟儿和一切万物都在思考。我们思考时，它们发出嘎吱声或鸣叫声，那就是它们在思考，我们不必再去多想。如果我们看到事物的本来面目，念头就已经出现了。这种清净的思维就是我们在修行中的思维，所以我们也总能从自己那里获得自在。我们可以看到事物的本来面目，同时，我们也能思考万事万物。因为我们不会固守任何特别的思想标准，对我们而言，没有正确与错误之分。

谢谢各位。

万物的主人

"你可以与万物分享你的修行，而不沦为万物的奴隶。这就是如何安顿好自心，让自己归于本位的方法。你准备好包容一切。当你包容了一切，那就是真正的自我。"

我们修习坐禅是要成为一切万物的主人，不管身在何处。但如果我这么说的话，就会引起一个误解：你是一切人、一切事物的主人。当你这样去理解时，你就变成自己头脑中的一种想法，那不是我们所指的"你"，那只是一个妄想，因为你的想法缺少了修行的有力支撑，于是你就被"你"和"别人"这些概念束缚住了。当你的认识得到真正修行的有力支撑时，那个习禅的"你"就是一切万物的主人，也是你自己的主人。

这就是佛陀说要掌控自己的缘故。那个要掌控的

"你"其实是虚妄的"你"，而不是真正的"你"。对于自己是谁，你已经有了概念，于是你就被这个概念束缚住了。你被那个虚妄的"你"所奴役，所以你就会遇到困难或产生困惑。当这些妄念受到你修行的力量约束时，那个"你"就是一切万物的主人。那么，即使心中有迷惑，你也会得到修行的护持。

坐禅时，声音会进入你的耳朵。你可能会听到各种声音，有时心里可能会出现各种想法，但如果你修行功夫比较好，你的修行会涵容你听到的声音和脑海中浮现出的影像。它们是你的一部分。你的修行足够坚定有力，可以包容这一切，拥有这一切而不受它们奴役，就像你拥有自己的双手和眼睛一样。

有时，当你双手拿着一样东西的时候，左手和右手似乎不太配合，但它们在试着共同做一件事情。当你真正成为一切事物的主人时，即使事情看似混乱，实则并非混乱。有时你看上去像是在做一件错事，别人可能会说："噢，他在做错事。"但那只是他们的见解。你没有做错任何事情，因为你拥有一切，你是在管理事情，就像在运用自己的双手一样。

你让自己与一切万物同在，也让一切万物顺其自然。这就是修行的力量,与做错事大不相同。某人做错事了,可能会受苦,但对你而言,你没有痛苦,你只是在以某种方式管理事物,就像管理自己的东西一样。

我们也应该以这种方式去持戒。你持戒不是因为你必须要遵从佛陀的教诲,而是要将真正的修行延伸到你的日常生活中来,或者说安顿好自心,让自己归于本位。这个本位的自己包含了一切万物。有时我们说,要将修行延伸到日常生活之中,就是要完全投入活动之中,也就是与万物合而为一,但这样的解释还不太清楚。于是,你可能会说,痴迷于棒球或沉迷于赌博就和修行一样。但那不是修行,因为你被它束缚住了。你不是赌博的主人,赌博才是你的主人。你的修行起不了作用,你被自己心中产生的事物所奴役。

你的心中思绪万千,并产生了一些错觉,由此产生了要得到些什么或投机取巧的想法,仅此而已。所以,你就成了自己内心和赌博的奴隶,你根本不是在修习坐禅。你不是主人,你的心也不属于你自己,就连你的腿也不属于你,因为你早上一起床,你的两条腿就想到内华达州的雷诺城去赌博!你的腿没有得到修行的护持。这就是区别。

　　所以，与某个事物合而为一，并不是说要沉迷于这个事物。当你成为心中某个事物的一员时，你就会对它入迷。你在心里创造出一些有趣的东西，你变得非常容易受影响，而且一心想要成为心中那个群体中的一员。你被它奴役了，除了在心中创造出来的东西以外，你一无所有。你没有修行，没有任何东西可以护持你。你不是主人，你甚至迷失了自己。这就是区别。

　　因此，我们说要心无所求地去坐禅，没有目的，也没有要得到些什么的想法。让事物顺其自然，支持一切事物，如同支持自己的东西一样。真正的修行是有方向的，但没有目的以及要得到些什么的想法，所以能够包含所发生的一切。无论是好是坏，都没有关系。如果发生了不好的事情，就想："好吧，你是我的一部分。"如果发生了好的事情，就想："哦，好吧。"因为我们没有特别的修行目标或目的，所以不管发生什么事情都没有关系。

　　由于它包含了一切，我们就称之为"大心"。不管它是什么，它都包含在我们之内，我们拥有它，所以我们称之为"大心"，或是"没有目标的目标"，又或是"无舌之舌"。虽然我谈论某些事情，但并没有目的。我只是在和自己说话，因为你们是我的一部分，所以我的讲话没有目的。某些事在进行着,仅此而已,它们之所以在进行着,是因为有与一切万物分享修行的真正喜悦。

当你坐禅时,一切万物都在坐禅,你所拥有的一切都在坐禅。佛陀坐禅,菩提达摩坐禅,一切万物都和你一起坐禅。你与一切万物共同分享修行。坐禅如此,我们真实的生活如此,我们真正的菩萨道亦是如此。

这就是你帮助他人的方法。帮助他人就是要与别人分享你的修行。我们与孩子、街上的人们分享我们的修行。虽然他们没有坐禅,但我们可以分享这种修行,因为当我看见了别人,他们就已经在此处,我就和他们一起坐禅,和汽车的声音、和一切万物一起坐禅。

如果有人问我为什么要修行,我可能会回答,那是为了有一颗正向的心。重点是不要失去这颗正向的心。在日本,孩子们有一种菩提达摩的玩偶。你们知道那种玩具吗?它是用纸做的,你推倒它,它还是会站起来。那就是正向的修行。人们喜欢把这个玩具推来推去,因为不管它倒向哪一边,它还是会站起来。这就是我们修行的一个好例子。

我们无法找到自我在哪里。如果你说"我的心在这里",那就已经有了"自我"的观念,它在这里而不在那里。你认为你的心在头脑里，但它究竟在哪里呢？没有人知道。所以我们修行就要与一切万物同在。你可以与万物分享你的修行，而不沦为万物的奴隶。这就是如何安顿好自心，让自己归于本位的方法。你随时准备好包容一切。当你包容了一切，那便是真正的自我。

　　谢谢各位。

真诚的修行

"重要的不是教法，而是学生的人品或努力。即使你追求的是开悟，那也表示你的心还不够广大。你不够真诚，因为你在修学中还带有某种目的。"

虽然道元禅师被视为日本曹洞宗的创立者，但是他并不喜欢把自己归为"禅宗"，更别提"曹洞宗"了。他认为，如果一定要有个称呼，那就应该称我们为佛弟子，而他平素就自称"山僧道元"。

道元禅师在中国追随天童如净禅师参学时，当时有许多不同的禅宗流派，如临济宗、曹洞宗、云门宗、法眼宗和沩仰宗。可是据道元禅师所说，如净禅师不属于任何一个流派。他的禅法只是修习坐禅，并以自己的身和心去领会佛陀的精神。那就是道元禅师肯拜他为师的缘故。

在日本，道元禅师曾修习过天台宗的法门，后来又去了荣西禅师[1]的寺院学习临济宗的禅法。但荣西禅师不久后就圆寂了，道元禅师就想追随合适的老师继续修行，于是他和荣西禅师的另一位弟子了然明全（Myozen）一起去了中国。虽然道元禅师参访了许多寺院，见到了许多禅宗大师，但他并不愿意拜任何一位为师，直到遇上了天童如净禅师。

道元禅师初次见到如净禅师时，即使从未受教于他，便已心悦诚服地接受他做自己的老师。同样地，如净禅师也在想："这就是可以继承我法脉的徒弟。"一天傍晚，在坐禅期间，如净禅师正在训斥某个昏睡的学生，就在此时，道元禅师恍然大悟。他将自己所悟到的心要告诉了师父，于是得到了如净禅师的认可传法。其后，他便返回日本。

我们在这里首先注意到的是，道元禅师是一位想成为佛陀的真诚弟子的出家僧人，仅此而已。他已经放弃了对佛法的学术研究，所以他的问题是如何从内心深处

1.荣西禅师（1141—1215），是日本临济宗的初祖，曾两度入宋求法，承袭临济宗黄龙派的法脉。——译者注

成为一名好弟子。拥有这样的精神是最为重要的一点。
因为他是如此真诚的一名学生，所以他无法接受那些不
如他真诚的老师，也无法接受那些只是善于说法的老
师。他想遇到　位真正修禅的僧人。所以当他看见如净
禅师时，他就甘愿拜在他的座下，而当如净禅师看到他
时，便认可了他真诚的求法之心。

　　什么是真诚的修行？如果你不真诚，你是很难明白
的；但如果你变得真诚时，你就无法接受流于表面的东
西。只有当你变得非常真诚时，你才会明白那是什么意
思。那就像欣赏好的艺术。如果你想欣赏好的艺术，最
重要的就是要看到好的作品。如果你看了许多好的作
品，那么当你看到某个不太好的作品时，你就能立刻分
辨出来。这时你的眼睛已经变得足够敏锐，能够看出作
品的优劣。

　　那就是道元禅师十分重视老师的原因。如果你想知
道什么是真诚，你就应该找一位好的老师，因为当你看
到他，你就会知道好的老师是什么样子的。那不是我可
以描述出来的，但你可以凭借自己的直觉感受得到。当
你看见一位好的老师，你自然会有那种直觉。

　　要锻炼出雪亮的眼睛，或者说清晰而客观公正的判

断力, 重要的是放下, 或随时准备好放下一切, 包括你对教法的理解和对佛教的认知。然后, 你就可以分辨出什么是好的、什么是坏的。许多禅师都放下了经典研习, 只是修习坐禅。他们不依赖任何事物, 只是通过修习坐禅来净化自心。任何教示都可能对你有所裨益, 但你的错误判断使得那条教示显得没有多大意义, 你以自己的判断毁掉了很好的教示。可是, 如果你不作评判, 你就能接受这条教示的本来面目。

道元禅师从如净禅师处学到的正是这一伟大的精神: 随时准备好放下一切。尤其是当如净禅师修习坐禅时, 他的心中空无一物, 那种修行的清净使道元禅师深受触动。当你努力尝试放下一切, 你其实还没有真正放下。当你厌倦了愚蠢的讨论或研究, 也厌倦了心中想要抓住某些东西来依赖时, 那么你就会追求真理或真实的教示。你会完全投入清净的修行之中, 放下一切。

我的师父岸泽惟安禅师是一位杰出的学者, 他的研究是从他放下了一切之后才开始的。他并不关心地位、名气或声誉。无论别人对他有何评价, 他都不在乎。他坚持自己的研究和修行, 只为与古时那些致力于教学的高僧大德会晤。当你放下了一切, 就不会有曹洞禅或临济禅等宗派之分。我的老师就是这样。

　　每当他遇到一位学生或佛教学者，他都会请他们提供他们所拥有的佛法书籍或笔录开示。不管拿到什么，他都会饶有兴致地认真研读。他总是在寻找自己的朋友，寻找自己的老师。那人是否有名气，对他来说并不重要。只有当你放下一切，你才能看见真正的老师。

　　即使是佛教这个名字，都已经是我们修行上的污点。重要的不是教法，而是学生的人品或努力。即使你追求的是开悟，那也表示你的心还不够广大。你不够真诚，是因为你在修学中还带有某种目的。如果你有想要达到某种境界或宣扬佛法的愿望，那你的修行就不够清净。只为看见神圣、伟大且清净的人，才是我们学禅或学佛的目的。

　　在这一点上，你的老师应该是严厉的。当你懒惰时，他会很生气。如果你总是投入不够清净的事情中，你就是在浪费时间。尽可能听从自己内在的声音，拒绝无用的东西。道元禅师曾说，如果你的修行足够清净，你就会得到佛的护持，所以不要担心谁会来护持你或者自己会发生什么事情。时时刻刻让自己完全投入修行之中，并聆听自己内在的声音，那么你就会看见那个真正伟大的人。

你也会看见那个能愿意收你为徒、你也愿意拜其为师的人。这就是对禅门弟子最重要的一点。如果你不能这样去接受你的师父，那就去找另一位师父。缺少这种精神而想要修习我们的禅法，那几乎不可能。

要实现求道之心，就要修习坐禅，而如何修习坐禅呢？则要有正确的姿势。立发禅师曾提到一种有意思的方法来练习正确的坐禅姿势，就是说"是的"。那真是个好办法！问问自己，我的手印怎么样了？"是的。"我的眼神怎么样了？"是的。"总之，坐禅就是"是的"。我的脊柱——"是的。"我的下巴——"是的。"你其实不是在检查自己的姿势，你只是在接受自己的姿势——"是的。"

这就是坐禅。你的修行中没有额外的活动，这就是你应该秉持的精神。我们的修行没有其他秘诀。如果你还有别的窍门，那就是外道知见。如果你有其他一些特殊的修行方法，你是做不到这一点的。

对于戒律也是同样的道理，比如"不杀生戒"。你也许会认为，如果不杀生，你就无法存活。但这条戒律到底能否做到，那不是问题。如果戒律说"不要杀生"，那你就说"好的，我不杀生"。在那一刻，你就具有了完美的佛性。当你说"这不可能""这是对的"或"这是错的",又或者你拿佛教的戒律和基督教的诫命作比较,那么你就丢掉了重点。无论是基督教的诫命,还是佛教的戒律,如果你对它说"好的",你就具有了佛心或圆满的仁慈。所以,如果你注意到这一点,那就没有其他的奥秘了。每当你有机会聆听自己内在的声音,你就直接去聆听,而不刻意为之,那就是"道",那就是佛陀的声音。

　　谢谢各位。

与万物合一

"……无论你身在何处，你和云朵是一体的，你和太阳、星星也是一体的。即使你跳出飞机，你也不会到别处去，你依然和万物是一体的。这是千真万确的。"

我们大多数人是从差异的角度来认识事物的，比如大或小、黑或白、物质上的或精神上的。当我们说"精神上的"，那是指非物质上的。但佛教认为，精神上的东西仍然属于实相中可感知的一面；而另一面，即我们称之为本体或实体的一面，是我们看不见的。在"精神上的"和"物质上的"那一面出现之前，另一面就已经存在，它不是你那有着大小、黑白、男女之分的小心量所能理解的。若只以这种方式去认识事物，那就是给我们真实的存在设限。

　　只要你试图从可感知的层面去了解实相或了解你自己，那是不可能做到的。当你明白，这世上还有超出精神与物质、对与错以外的东西，那就是实相，那其实就是我们每个人。要明白这一点，就要有出离心，没有对与错、生与死、精神与物质等想法。

　　即使你非常努力地使自己不为物欲所动，你仍然只活在一面，而忽视了自己的另一面，那就是你受苦的原因。如果你真的想要达到觉悟，证得真我，你就要跳脱出好与坏、生与死的想法。如何做到这一点？答案是通过坐禅。如果某个东西来了，就让它来。不要想它到底是好是坏。让它来，也让它去。这其实就是坐禅——超脱出各种意念，只做你自己。

　　你和他人不仅仅是精神上的或物质上的。虽然一个人像是在做一件错事，但谁能肯定地下结论呢？人们可能会这么说，你也可能会这么说，但那个人本身没有好坏。社会有一套标准。我们暂时制定了一套道德准则，故而我们会说这是好的，那是不好的。但它有可能会改变。如果评判的道德准则或标准改变了，那么某人在今天看来是个坏人，明天或一两年后可能就成了一个好人。好与坏会随时代而改变，但事物本身没有好坏。

万物如何发展是一个因果关系的问题。当下存在的事物会导致某种结果，而那个结果又会导致另外的结果。事物本身没有好坏，它就是以这样的方式发展下去，这就是实相。如果没有意识到这一点，你往往会以好坏去认识事物，你会认为有好人与坏人之分。但我不这样去认识事物。万物只是在不断发展。如果我们认识到这一点，那就是出离。

当你坐禅时，你就是你，你不能说"我是好人，我的修行是完美的"。你当然是完美的——从一开始就是，但你没有必要说出来。你本来就是完美的，即使你自己没有意识到。这就是为什么我们说，我们都是佛，而且我们的佛性在不断地长养。

我们说，我在这里，而你在那里。这么说没有问题，但实际上，没有我，你就不存在；没有你，我也不存在。的确如此。因为我在这里，你才会在那里；因为你在那里，我才会在这里。你可能会说，就算我没有来塔萨亚拉，你也在这里等着我来。也许如此，但这种理解不完美。我曾住在佩奇街300号，那里与一切事物都有所关联，你也与一切事物有所关联。我不能和那栋建筑说再见，因为它与高速公路、大树、空气、星星、月亮和太阳都有所关联。如果我与日月相互关联，就如同你与日月相互关联，那么在我们总是互相关联的情况下，又怎么可能说我在这里而你在那里呢？

只是你的心在说你在这里，而我在那里，仅此而已。我们本来就与一切万物是一体的。如果某个人去世了，你可能会说他不在了，但某个事物有可能完全消失吗？那是不可能的，而且某个事物也不可能突然从无中生有。这里的某个东西不会完全消失，而它可以改变形相，如此而已。所以，我们始终是一体的。

表面上，你可能会说你觉得孤独，但如果你非常真诚，并真正放下你的小心量，你就不会有恐惧和情感问题。你的心始终是平静的，你的眼睛始终是打开的，你可以听见鸟儿歌唱，也可以看见花儿盛开，你没有什么可担心的。若你有所忧虑时，你会把它看作一部有趣的小说。它阅读起来是很有趣的，但不是什么让人可怕或担心的事。当我们这样去认识事物，我们就可以充分享受自己的人生。

我前几天从美国东海岸坐飞机回来的时候，看见了美丽的日落。如果你朝西飞行的话，日落的景色就会持续很长一段时间。地面上的人们以为天黑了，没有太阳了，但如果你此时正在高空飞行，就依然能看到日落，也会看见绚丽的云彩。观看日落很美妙，但同时，有些人会觉得很孤独。然而，无论你身在何处，你和云朵是一体的，你和太阳、星星也是一体的。即使你跳出飞机，你也不会到别处去，你依然和万物是一体的。这是千真万确的。

我并不是在谈论一些奇怪或神秘的事情。如果你是这么想的，那就表示你还不够真诚。你的感受还不够深刻，所以无法感知到什么是真实的。要以足够的真诚来做自己，这是我们努力的方向。此外，道元禅师曾说，如果你想要出离生死，不要试图逃避生死。生死是我们今生的配备；没有生死，我们就无法生存。有生有死是我们的荣幸，我们就是以此来了解事实真相的。

总之，不要做太多的自制饼干而不能自拔，也不要卷入大小、好坏之类的想法，你要吃多少就做多少。没有食物，你就无法生存，所以做饼干本身是好的，但不要做太多。有问题是好事；没有问题，我们反而无法活下去，但不要太多。你不必为自己制造太多问题，你的问题已经够多的了。

如果你真正懂得你的人生，你甚至不必去修习坐禅，我也不必来美国弘法。如果你能为自己做刚刚足够的饼干，那我回日本，吃日本的饼干，这没有问题。因为你制作了太多的饼干，我不得不吃一些，我得帮助你。如果我们意识到这一点，只享用刚好足够的自制饼干，那就是佛家之道，是享受人生之道，也是我们修习坐禅的原因。我们坐禅不是为了获得特殊的觉悟。我们坐禅只是为了做我们自己，只是为了从无用的努力或习性中解脱出来。

谢谢各位。

第五部分
无论你身在何处，觉悟自在其中

　　"即使在我们不完美的修行之中也有觉悟，只是我们不知道而已。所以，重点是要在开悟之前找出修行的真谛。无论你身在何处，觉悟自在其中。如果你从所在之处站起身来，那就是觉悟。"

处处皆是悟处

"我们看见的、听到的一切都并不完美。但就在这不完美中，却有着完美的实相。"

在修行中，最重要的是认识到我们都具有佛性。知性上，我们可能知道这一点，但接受起来相当困难。我们的日常生活处于一种好与坏的二元对立境界里，而佛性则处于没有好与坏、只有绝对真理的境界里。可以说，现实世界有两个部分。我们的修行就是要超越这个好与坏的境界，证入绝对真理的境界。这一点也许很难理解。

著名的桥本禅师于1965年去世，他曾说，我们（日本人）烹饪时会分开准备每一种食材，米饭摆在这里，腌菜摆在那里。但当你把它们吃进肚子里后，你就分不清哪个是哪个了。汤、饭、腌菜，所有东西都混合在一起，这就是绝对真理的世界。只要米饭、腌菜和汤还是分开的，它们就无法被消化，你就得不到营养。这就像你的知性认识或书本知识，它与你的实际生活是分开的。

坐禅就是在把我们各种不同的理解方式混合起来，让其共同发挥作用。一盏煤油灯如果只装满煤油，是并不会亮的，它还需要空气才能燃烧；即使有了空气，它还需要火柴来点燃。有了火柴、空气和煤油的助力，这盏灯才会亮。这就是我们的禅修。

同样地，虽然你说"我有佛性"，但仅凭这一点还不足以使其发挥作用。如果你没有善友或者僧团的助力，它还是起不了作用。如果我们修行时得到僧团的帮助以及佛陀的加持，我们就能真正地修禅，我们在塔萨亚拉禅堂这里或在日常生活中，就会拥有明亮的光辉。

拥有所谓的开悟体验固然重要，但更重要的是要知道如何在坐禅和日常生活中调节那个火焰。当火焰完全燃烧时，你闻不到油烟味；而当它冒烟了，你就会闻到味道。你也许意识到，人生就像一盏煤油灯。当你的人生完全燃烧时，你没有怨言，也无须觉察自己在修行。如果我们对坐禅谈得太多，那就已经成了一盏冒烟的煤油灯。

也许我就是一盏冒着浓烟的煤油灯。我并不一定想给你们做开示，我只想和你们一起生活：搬搬石头、洗温泉浴、吃些好吃的东西。禅就在其中。当我开始说话时，我就已经是一盏冒烟的煤油灯了。只要我必须做开示，我就得解释："这是正确的修行，那是错的，这就是修习坐禅的方法……"这就像在给你一个食谱，但这是行不通的，因为你不能把食谱吃下去。

禅师通常会说："修习坐禅，你就会开悟。如果你开悟了，你就会超然于一切，你就会看到事物的本来面目。"这当然是真话，但我们的修行之道并非总是如此。我们在学习如何来回调整我们灯上的火焰。道元禅师在《正法眼藏》中阐述了这个观点。他教导我们要活在当下，就像煤油灯或蜡烛一样完全燃烧。活在每个当下，与万物合而为一，就是他教学和修行的要点。

禅修是一件非常微妙的事情。当你修习坐禅时，你会察觉到在平时工作中没有注意到的一些事情。我今天搬石头搬了好一会儿，却没有意识到自己的肌肉已经疲劳了。但当我平静地打坐时，才意识到："噢！我的肌肉很难受。"我感受到身体各个部位都很酸痛。你可能会认为，没碰到问题的时候，禅修会练得更好，但其实在修行上遇到些问题是有必要的。不一定要遇到大的问题，你可以从碰到的困难中修习坐禅。这一点特别有深意，这也是为什么道元禅师说："修行与开悟是一体。"修行是一件你有意识花功夫去做的事情，而开悟就在其中！

　　许多禅师在努力追求完美的禅修境界时没有注意到这一点：存在的事物都是不完美的。这就是世间一切万物真实的存在方式。我们看见的、听到的一切都并不完美。但就在这不完美中，却有着完美的实相。在知性层面和修行之中皆是如此，在理论和我们的身体上也是如此。

　　你以为只有在你开悟以后，你才能开始真正的修行，但事实并非如此。真正的修行是从妄想、挫败中起修的。如果你犯了错，那正是你起修之处，没有别处可以让你着手修行。

　　我们常常提及开悟，但真正意义上的圆满觉悟超出了我们的理解，也超出了我们的经验。即使在我们不完美的修行之中也有觉悟，只是我们不知道而已。所以，重点是要在开悟之前找出修行的真谛。无论你身在何处，觉悟自在其中。如果你从所在之处站起身来，那就是觉悟。

　　这就叫作"'我不知道'坐禅法"。我们不再知道坐禅是什么了，也不知道我是谁了。当你已经不知道你是谁或身在何处，而完全入定了，这就是接受事物的本来面目。即使你不知道你是谁，你还是接受自己，那才是真正的"你"。如果你知道你是谁，那个"你"就不是真正的你。你可能很容易高估自己，但当你说"我不知道"，那么此时的你就是真正的你，而且你彻底参透了你自己，那就是开悟。

我想我们的教法是非常非常好的，但如果我们变得骄傲自大，过于相信自己，我们就会迷失，那就不会有教法，也不会有佛教了。当我们在定境中找到生命的喜悦，我们不知道它是什么，我们什么也不懂，我们的心量就会变得极为宽广、宏大。我们的心向一切万物敞开，因此它足够广大，能在我们了解某个东西之前就已经了知；甚至在拥有之前，我们就已经心存感激；在开悟之前，我们就已经乐于修习我们的禅法。否则，我们无法真正有所成就。

谢谢各位。

不执着于开悟

"真正的开悟始终与你同在,所以你不必执着它,甚至不必去想它。因为开悟一直与你同在,困难本身就是悟处。你繁忙的生活本身就是觉悟的活动。这就是真正的开悟。"

六祖惠能禅师曾说,安住于空性,保持一颗平静的心,那不是坐禅。他还说过,只是盘腿打坐,那不是禅。同时,我总是对你们说:"只管打坐。"如果你不明白我们修的是什么,执着于文字,你就会感到困惑;但如果你明白什么是真正的禅,你就会懂得六祖的话是对我们的一种告诫。[1]

1.六祖惠能禅师曾多次就此问题向学人开示,参考《六祖坛经·般若品》第二:"善知识,莫闻吾说空,便即着空,第一莫着空。若空心静坐,即着无记空。"《顿渐品》第八:"住心观静,是病非禅。长坐拘身,于理何益?"——译者注

　　现在我们的禅七摄心快要结束了，你们很快就要回家，投入日常活动中去。如果你这几天都在修习真正的坐禅，你就会乐于回到自己的日常生活中，并觉得受到了鼓舞；但如果你对回归都市生活或日常生活有所犹豫，就表示你还执着于坐禅。这就是为什么六祖说，若安住于空性，执着于修行，那就不是真正的坐禅。

　　当你修习坐禅时，你时时刻刻都接受自己当下所拥有的一切，在这一刻，你对自己所做的一切感到心满意足。因为你只是接纳，所以你毫无怨言，这就是坐禅。即使你无法做到这一点，但你也知道要怎么做，那么坐禅也会鼓励你去做其他事情。正如你接受打坐时腿脚的酸痛一样，你能接受自己的日常生活，而这也许比禅修还要艰难。

　　如果你来体验一下真正的坐禅，特别是来打禅七，然后再回到繁忙的活动中而不失去修行的心境，那将是一种极大的鼓励。虽然这很困难，你也很忙碌，但你的心中始终有着这份平静的心境，不是因为你对它产生了执着，而是因为你享受这种心境。当你享受它时，你就不会执着于它。所以，如果你真正体验过我们的修行，那么无论你做什么，你都会一直享受这种修行的心境。

　　你也许觉得自己已经开悟了，但当你很忙碌或碰到困难时，你觉得自己需要再次感受那种体验的话，那就不是真正的开悟，因为它成了你执着之物。真正的开悟始终与你同在，所以你不必执着于它，甚至不必去想它。因为开悟始终与你同在，困难本身就是悟处。你繁忙的生活本身就是觉悟的活动。这就是真正的开悟。

　　如今的年轻人喜欢约会，但开悟不是你能定好时间就能碰到的。如果你把自己的生活安排得井然有序，在某个时间起床，在某个时间拿起午餐便当出门上班，如果你还有女朋友或男朋友，你就会和她（他）见面。没有必要安排约会，她（他）在特定时间就会来到你们经常见面的那个角落。那就是我们的修行之道。打电话安排约会显得很愚蠢，也很麻烦。即使你打电话约好见面——"嘿，我现在出发了。"——但如果她（他）不来，你就会感到失望。如果你没有预约，而她（他）来到老地方和你见面，你就会非常开心。

　　这就是觉悟之道。这不是一件好笑的事，我是在谈论真实的事情。不约定时间就表示不期待、不执着于开悟。当你受到开悟的鼓励，那么见到对方，哪怕只是一瞥，便已足够，你一整天都会很开心。如果你要求太多，已表示你执着于开悟。

　　这就是六祖所说的："只住于空，并非真正的修行。"他当初就是听到《金刚经》中的名句"应无所住而生其心"而开悟的。所以，如果你执着于某个事物，你就会失去你的觉悟。即使你努力试着预约好时间，那也不管用。以那种方式获得的觉悟是你执着之物，而不是始终与你同在、始终给你鼓励的事物。

　　这一点非常重要。在我们的摄心结束后，大家要在日常生活中继续修行，从而获得真正的觉悟。这是一次颇有收获的摄心，你们之中有些人已经很好地尝到我们修行的滋味。即使你还没有体会到，我想你已懂得该如何修习坐禅。所以，从现在开始，只需按照你们老师给予的正确指导继续真诚地修行，有朝一日，你定会领略到个中滋味。

　　谢谢各位。

只为你而说的教法

"……即使你说你修得还不够好，但此刻你没有别的修行。无论好与坏，那都是你的修行。"

我们修行时，通常会有所期待。如果我们努力用功，修行的功夫就会提高。如果我们在修行中瞄准一个目标，我们最终就会达成这个目标。我们认为自己的修行会日益进步，而且修行会有助于我们的身心健康。这是真的，但这样的理解并不圆满。

我们坐禅时还要认识到一点，目标不是一两年才能达成，而是就在当下。这就是修行的目标。当你带着这种认识去修行，你既能照顾到许多事情，又能保持专注，完全投入当下的修行之中。这就是为什么我们会有各种指导，这样你就能精进修行，从而在修行的当下就能体会到修行的目标。

你也许会说："我修得还不够好,当下还体会不到修行的目标或完整的意义。"即使你说你修得还不够好,但此刻你没有别的修行。无论好与坏,那都是你的修行。要接近完美的修行,除了接受自己,没有别的方法。说自己修得不好或说自己修得很棒,都不会对你的修行有所帮助。你的修行就是你的修行,你只是以不同的方式来描述它,要么好,要么坏,如此而已。我们首先应该明白这一点,所以我们说:"虽然你修得不太好,但那就是完美的修行。只管打坐吧!"

听到这番话,你可能会从客观层面上去理解,并把它当作懈怠的借口:"不管怎样,我们正在禅堂这里打坐,所以这就是完美的修行。不必勉励自己,也不必整日打坐。如果我们只禅坐一会儿,那也没关系,即使坐一炷香,也够了。"这种认识是很肤浅的,你并没有从自身去领会那句话。

真理一直都在。可是,只是这么说,而不去实修,那就是我们所谓的"画出来的大饼",它只是一张大饼的图画,并不能吃。虽然你在打坐,但你其实在吃一张画出来的大饼,所以你根本尝不到滋味,于是你就会放弃,因为它毫无意义:"这没有带来任何结果;与其吃禅修中心提供的食物,还不如去市中心吃点东西。"

　　当人们称呼你为禅门弟子时,你可能会很高兴,那么你的修行其实是在加深你的自我意识,而不是在修禅。当你那样去打坐,禅对你来说没有任何意义。真正的坐禅不可能是那样的。如果禅是那样的话,它早已从这个世界上消失了。禅能承传至今,是因为真理的另一面。佛教的多位祖师和高僧大德都曾说过:"佛陀留下的这一教诲正是为我而说,不是为别人。"如果忘记了这一面,那么佛陀的教法只不过是废纸而已。"只为我而说"并不是骄慢自大,而是你把这一教示看作专门针对自己的来充分领悟。

　　这是我们禅修当中需要具备的精神。每个人都可以成为日莲[1],每个人都可以成为道元禅师或菩提达摩。因为我修习坐禅,佛就在其中,道元禅师、菩提达摩也在其中,佛陀的教诲也在其中。你认识到自己就是这世上唯一的存在,没有人能取代你的位置。这是真的——所有的教法正是为你而说的。当你还年轻的时候,没有这种感觉,你觉得自己会活到五十岁,甚至一百多岁,所以今天

――――――――
1.日莲(1222—1282),日本佛教日莲宗的始祖。——译者注

对你来说并不是那么珍贵。如果你到了我这个年纪，你会真正地感受到："我就是这唯一的存在，没有人能取代我，所以我不能欺骗自己。"

这一点对每个人都很重要，而对修习坐禅的人更为重要。没有这种信心或认识，你就会暴露出自己修行的缺点："不，我还不够好。看看我——我练不了禅修。"禅是那么美好，那么完美，但你修不了。你会感觉到自己品性和行为中的缺点，如果满脑子都是这些想法，你是无法打坐的。但不管你怎么评价自己，你都是唯一的。你无法逃避，因为整个世界都是你的。这一点超越了我们所能谈论的真理，这是最究竟的事实真相。

你怎能否认你是唯一的呢？你可以批评自己，这很容易。可是当你接受"你是唯一的"这个事实的时候，你没有时间去说"修得好"或"修得不好"之类的话。正是因为你对这个真相充耳不闻，你才会有时间挑剔自己。当你懂得了这一点，你就能听见或看见真相，你就能修习坐禅。不管事实真相如何，你都能坦然接受。修行就是对你所看到的一切敞开心扉，把它们视为事实真相的体现。这就是为什么我们要修习坐禅，为什么人人都能加入我们的修行，以及为什么这种修行包含了你生活中的一切活动。

　　这种修行不能和其他修行相比，它并不是用于达成某个目标的手段。坐禅的指导包括我们采用的坐禅姿势和呼吸方式，是根据许多人的修行经验积累而成的，正如科学知识也是积累而来的。但佛家智慧注重的是真理主观性的那一面，这就是我们说众生皆是佛的缘故，我们也正是以此方式把佛法传给每个人。这不仅仅是纸上的传承。这主观性的一面一直与我们同在，祖师大德也一直强调这一点，同时也没有忽视真理客观性的那一面。

　　有时，那些自称"不为物欲所动"的人忽视了真理客观性的那一面，这也是一个错误。但执迷于真理客观性的那一面，并以懈怠的态度依赖它，那对我们是没有帮助的。即使我们能登上月球，也没有多少助益。只要我们还依赖于客观的科学真理，那对我们还是没有多少帮助。只有当我们每个人都体会到事实真相，理解并接受它，而且愿意遵循它而行，那才有用。当一个人把自己置身于真相之外而去研究真相，事情一旦发生在他身上，他就不知道该怎么办了。

　　在一则中国古代的故事中，有一个人非常喜欢龙。他谈论龙、画龙，还买了各种各样的龙形物件。于是有条龙就想："如果像我这样的真龙去拜访他，他一定会很高兴。"有一天，这条真龙潜入他的房间，那个人顿时不知所措！他惊叫了一声，甚至不知道要逃跑，他连站都站不起来。我们长久以来就像那个喜爱龙的人一样，但我们不应该只做龙的朋友或仰慕者，我们应该成为龙本身，那么我们就不会害怕龙了。

因此，我们随时准备好从主观和客观两个层面去修习我们的坐禅之道。当你这样去修行，坐禅就会变成你自己的坐禅，而因为你也是佛，你会以各种方式去表现你的真如本性。这就是不受修行形式束缚的自在。无论你做什么，你都会是真正的你，你是真正意义上的佛。带着这种认识去修行，与带着对形式、指导和教法的肤浅认识去进行懈怠式的修行，是有很大差别的。毕竟正如佛陀所说的，没有人能让你依靠，所以，你应该成为万物的主人。这样你就会明白佛陀的教诲和我们的修行都是你自己的。

谢谢各位。

扶地而起

"地面并不总是一样的，它可以是一根棍子，也
可以是一块石头，甚至还可以是一片水。地面……可
以代指一切，而不仅仅是'土地'。这表示，修习禅
道，而不去重复相同的体验。"

当我们谈论实相时，就是要懂得如何在坐禅和日常
生活中去修习禅道。道元禅师在谈到实相的本质时，用
的是"恁么"这个词，它可以表示"如此"或"只此"，也
可以是个问句："这是什么？"

"恁么"还可以表示"它"。在英语中，"It is hot."
（天气炎热。）和"It is nine o'clock."（现在是九点
钟。）中的那个"it"（它）是同一个词，你可以用它来表
示时间或者天气，但它又不仅仅可以表示时间或天气，
它实际上可以代指一切。"我们"也是"it"（它），但我

们不说"it"（它），而是说"he"（他）或"she"（她）、"me"（"我"的宾格）或"I"（"我"的主格）。但实际上我们指的就是"它"。因此，如果一切都是"它"，它同时也就成了一个问号。当我说"它"，你并不知道我究竟指的是什么，所以你可能会问："'它'是什么？"

当我们说到时间，"它"可能是用餐时间或讲座时间。我们不知道，所以"它"可能对每个人来说都是个问号。你可能会说："What time is it?"（现在是几点？）"Is it time for lecture? "（现在是讲座的时间吗？）所以，"it"（它）或"怎么"是个确指的事物，同时也是个问句。我们知道这一点是很重要的。现在"它"是热的，但"它"并非总是热的。有时"它"会是冷的。

说到时间，我们可以看出，时间是持续不断的，也是明确的。当我们说"现在是八点半"，我们指出了一个确切的时间点，那么此时时间就是间断的。但时间的本质是不间断的，所以这个词具有两面性：连续性和间断性。这就是实相的本质。

道元禅师谈论修行时，没有把它看作某件特别的事情，而是一件持续不断的、与一切融为一体的事情。他说："如果你跌倒在地上，你会依靠大地站起身来。"这句话有道理吗？如果你跌倒在地上，你要依靠那片地面站起来。他还说："如果你跌倒在地上，要依靠空无站起身来。"如果我们不去讨论为什么会这么说，我们就无法充分地理解我们的教法。

实际上，我们是这样扶着地面站起来的，但他说不应该这么做。这是什么意思呢？如果你认为你总是可以从地面上站起来，你并不在意跌倒，你就会很容易跌倒。你会想："没关系，如果我跌倒了，我可以从地上爬起来。"如果我们以这种成见或轻慢的态度去修行，那就是错误的修行。

这一点很重要。这好比开悟。如果你依赖开悟，你就会变成一个很容易犯错，或很容易跌倒在地，要依赖地面的帮助才能爬起来的人。明白了吗？这一点非常微妙。当然，我们需要扶着地面才能站起来，但如果我们总是执着于地面的助力，我们就会丧失跌倒在地上的真正意义。换句话说，虽然我们犯了错，但我们不应该一而再、再而三地犯同样的错误，心里想着这没有关系，因为我们知道要怎么站起来。

这并不是我们所指的实相。事情不会以同样的方式再次发生。地面并不总是一样的，它可以是一根棍子，也可以是一块石头，甚至还可以是一片水。地面是"它"，"它"可以代指一切，而不仅仅是"土地"。这表示，修习禅道，而不去重复相同的体验。

因此，在我们的修行中，没有可以依赖的东西。但同时，总会有一些东西会提供给你，总是如此。根据不同的情况，你会得到不同的助力去修习坐禅。即使你双腿酸痛，也是一种助力。你通过你所感受到的疼痛来修习坐禅之道。这种疼痛就是"它"。"它"既是一切，同时也是某种特定的体验或特定的烦恼。"它"可以是昏沉，可以是饥饿，也可以是炎热的天气。所以，天气炎热或凉爽、饥饿、蚊子或双腿疼痛，都可以是你修行中的助缘，使你得以站起来，建立起你的修行。所以，不只是佛陀的教诲，一切万物都可以是我们的助缘。

"恁么事"指的是"万事万物"，"恁么人"指的是某个习禅之人。"某人修习某事"——那就是实相，或者我们可以说："某人正在做某事。"这样，"恁么"就是一种有着形相的、间断的某个特定的存在。可是，正如道元禅师所说的，禅修是一种持续不断的、与一切万物融为一体的修行。

如果是这样，"某人在坐禅"就已经包含了一切。某人是不能与这个世界分开的，某个动作行为也不能没有整个世界作为背景而存在，而某个事物也不能与其他事物分开。所以，"某人""做""某事"是同一回事。如果它们是同一回事，我们就可以说"某事""某事""某事"。那是什么？那就是彻悟。一切事情都是以这种方式发生的。所以，如果你执着于助缘或开悟，那就已经是个错误，你把自己与一切万物单独分开了。

有人可能会说："哦，他修习曹洞禅，但他否定开悟体验。"事实并非如此。我们曹洞禅弟子不执着于任何事物，我们有完全的修行自由和表达自由。我们的修行就是我们真如本性或实相的活生生的表现。因此，我们不可能执着于任何事物。每时每刻，我们都以焕然一新的方式修行。

我们的修行应该独立于过去的修行和未来的修行。我们不能牺牲当下的修行去追求未来的成就，因为一切过去佛都是以这种方式而开悟的，一切未来佛也将以这种方式而开悟。"这种方式"就是不依任何特定的方式。有时可能是曹洞之法，有时可能是临济之法。根据不同情况，也可能是其他宗派的法门。

有的人可能看见一朵花或听见一个声音就开悟了；

有的人可能在洗热水澡或上厕所时就开悟了。富人和穷人可能会以不同的方式证得开悟。所以，其实并没有什么曹洞之法或临济之法。

我们以相当抽象的方式谈论了修行，但这就是修行的意思：不管是什么，我们都应该坦然接受。我们时时刻刻以各种不同的方式去修习我们的坐禅之道。开悟没有其他方法。

谢谢各位。

问题刚好足够

"只有当你接受你的问题和处境时，你才能接受自己的本来面目……当你有足够的耐心，等到问题对你呈现出意义时，你就会感激自己在此处以及你所遭遇的处境，不管那是什么。"

今天是我们禅七摄心的第七天，也是最后一天。我们已经坚持了这么多天，所以不能放弃！唯一的办法就是留在这里。我觉得我有很好的收成，你也许觉得自己还没有成熟，不过，即使你还处于逐渐成熟的过程中，如果你继续留在我们的仓库里，就会变成美味的苹果。所以，我没有什么可担心的，你也没有理由为自己的修行而担忧。

你们中的一些人之所以来参加这次的摄心，也许是因为你们有许多问题。你认为如果自己在这里打坐七天，问题就会得以解决。但是无论你有什么样的问题，它们总是可以解决的。佛陀不会给你太多问题，以至于超出你的承受能力。不管问题是什么，都是刚刚好的。如果这些问题还不够，佛陀会随时准备好给你更多的问题，这样你就能对你的问题心存感激。佛陀总是会给你一些东西。如果你没有事情需要处理，你会觉得生活很空虚，所以我想你应该相信佛陀。没有烦恼的生活就像坐在这个禅堂里七天，什么事情也不做。

在禅堂这里打坐七天，你就产生了许多问题。你也许认为，打坐的时候，烦恼比在日常生活中还要多。实际上，你发现的是向来就存在的问题，只是因为你被某些事情迷惑了而没有察觉。当你没有意识到自己的问题时，它们会意外地出现。如果你原本没有问题，那么问题是不会出现的；正是因为你忽视了它，所以你没有料到它会出现。因此，最好尽快看清你的问题。

曹洞禅的弟子坐禅时会面壁而坐。佛陀在你身后，而且你相信他。如果你全然地相信他，就不必面对着佛陀，这是一种完全信任的态度。你的敌人或烦恼一般会从背后而不是从前面袭来，所以把背部向佛陀展露，就是表达对佛陀的完全信任。

　　即使你觉得自己有太多问题，当你信任佛陀时，你会和自己的问题一起打坐。同时，如果问题已超出你的承受能力，你应该准备好拒绝它。佛陀可能会说："如果你真的不需要这个问题，我会随时接受它，把它还给我吧。"但是这个问题会逐渐变成你需要的东西。你会想："如果我拒绝了这个问题，我可能会后悔。既然我不太确定这究竟是一个真正的问题，还是佛陀对我的帮助，也许还是留着比较好。"如果你以这种方式打坐，就会发现这些问题是你不可或缺的珍贵财富。

　　只有当你接受你的问题和处境时，你才能接受自己的本来面目，你才能真正地打坐。如果你能把内心平复下来，相信佛陀，只管打坐，那就不会再有迷惑和烦恼。当你有足够耐心，等到问题对你呈现出意义时，你就会感激自己在此处以及你所遭遇的处境，不管那是什么。这就是修习坐禅之道。

　　当你修习坐禅时，不必期待佛陀来帮你解决问题。佛陀已经在帮助你，但我们往往会拒绝佛陀给予我们的帮助。当你寻求他人的帮助时，你是在要求得到一些尚未得到的东西，你其实是在拒绝接受自己已有的珍宝。你就像一头猪。在我小的时候，父亲很穷，他养了几头猪。

如果你给猪一桶食物，只要你还站在那里，猪就不会吃，盼着你能给它们更多的食物。如果你走得太快，它们就会把食桶踢翻，追着你跑。所以，你必须十分小心。

我想你就是这么做的。你不去解决自己的问题，反而在追求其他事物的过程中给自己带来更多的问题。但你根本没有必要去追求任何东西，你已经有很多的问题，刚好足够了。这是一件很玄妙的事情，是人生的奥秘。我们要面对的问题刚刚好，不太多，也不太少，所以没有必要寻求他人的帮助。

如果你有足够的耐心，而且足够坚强去接受自己的问题，你就能平静安详地打坐，相信佛陀和自己的本性。因为你得到了帮助，而且你得到帮助的方式是绝妙的，所以你就在此处。如果问题太多，你会受不了；如果问题太少，你也会受不了。你承受的正是你所需的。所以，唯一的办法就是相信佛陀，相信在此处的你。这就是我们所说的"禅"。

你可能以为所有的禅师都非常严厉。当你需要他们这么严厉的时候，他们看起来就很严厉，但他们其实并没有那么严厉——只是对你严厉得恰到好处，仅此而已！事实上，如果你知道如何修习坐禅，你便不需要师父。

我希望你们只管打坐，并能成为成熟的苹果流入市场。让我们满怀对修行的感恩之心，好好打坐吧。

谢谢大家。

日面佛，月面佛

"日面佛很好，月面佛也很好。不管是什么，都
是很好的——万物皆是佛；哪怕没有佛。"

最近我生病了，但由于我已修习坐禅多年，有人可能
会说："他不会得感冒或流感……但他卧病在床那么长
时间，是不是有点奇怪？"我们可能认为，坐禅会使我们
身心强健，但是心灵健康不仅仅是一般意义上的健康，
身体虚弱也不仅仅是身体虚弱。无论是虚弱还是强壮，
如果那是以我们所谓的真理或佛性为基础的，那就是健
康的身心。

我的声音可能还没有完全恢复，但今天我要测试一
下。不管声音是否恢复，也不管我说不说话，都不是大问
题。发生在我们身上的一切都是应该发生的。我们修行
的目的就是要有这种全然的从容自若。

在禅宗经典《碧岩录》中有一则关于马祖道一禅师（709—788）的公案。马祖身材魁梧，体格健硕。有一次，他身体不适，照管寺院的僧人前来看望他，并问："您近来身体感觉如何？"马祖回答说："日面佛，月面佛。"

日面佛寿命有1800岁，而月面佛寿命只有一昼夜。当我生病的时候，我也许就是月面佛；而当我健康的时候，我就是日面佛。但日面佛或月面佛并没有特别的含义。不管我是生病还是强健，我仍然在修习坐禅，没有区别。即使我卧病在床，我也是佛，所以不用担心我的健康。

这是很容易理解的。不管马祖发生了什么事，他都能坦然接受，但我们却不能接受一切。我们可能只接受自认为好的事情，但对于不喜欢的事情就不去接受。而且我们会比较："他是一位真正的禅师，而那一位不是"或者"他是一名很优秀的禅宗弟子，而我不是"。这种认识可能很常见，但你最终将无法辨别哪种想法是真实可靠的。

重点是要达到完全从容自若的境界。掺杂着比较思维的一般功夫是帮不了你的。证得开悟是指我们在生活中有着完全的从容自若，没有任何的分别心。同时，这不是说要执着于不分别的心态，因为那也是一种分别心。

我还在日本的时候有一些习禅的学生。他们当中有些人非常富有，而且很有影响力，其他人有的是学生、木匠或者其他行业的工人。在日本，我们对待市长或老师这类人与对待普通人是不一样的，我们会以一种特别的方式和他们交谈。但我总是告诉我的学生："如果你是习禅之人，你就应该忘记你的职位、工作或头衔。否则，你无法真正修习坐禅。"

当你打坐时，我会说："不要思考。""不要思考"就是说不要以好坏、轻重来区别对待事物，只需接受事物的本来面目。即使你不去思考，你也许会听到一些声音。通常你听到声音的那一刻，你的反应是："那是什么？""那是汽车。""真吵，可能是辆摩托车。"

坐禅时，你应该只是听见大大小小的声音而不受干扰。这看似不可能做到，尤其是对于初学者来说，因为你听见声音的那一刻，就会有所反应。但如果你修习坐禅，只是持续不断地接受事物本来的样子，最终你就能做到不为一切所动。做到这一点的方法就是专注于你的坐禅姿势或呼吸。

　　日本武士会通过习禅来掌握剑道。只要他害怕丢掉性命，他就无法施展出全部的技能。当他心中没有杀或被杀的念头时，他便可以因应敌人的行动而做出反应，最终取胜。如果他一心想赢，就可能会输。恐惧会限制你的行动，因此，练习如何做出行动而无所畏惧是最重要的。虽然这事关战场上的存亡，但是武士的战斗是在禅堂里进行的。

　　我们在日常生活中没有那种环境，所以我们感受不到修行的必要性。但我们之所以会产生烦恼，是因为我们努力去达到某种目的，而这会限制我们的行动，于是我们便无法取得成就。

　　我们应该用两种方式去认识日常的行为活动，并能毫无问题地以任何一种方式去应对。第一种方式是以二元对立的方式（好或坏、对或错）去理解事物。然而，我们也要能够放下这些二元对立的认识，这样一切万物都是一体的。这就是另一种理解事物的方式，即一体性的认识。

　　因此，你要能以这两种方式去理解或接受万事万物，但是这还不够，这样还是二元对立的思维。不去想"这是两种理解方式中的一种"，你就能在这两种方式中自由切换，你便不会受你的理解所限。无论你做什么，都是伟大的修行。

日面佛很好，月面佛也很好。不管是什么，都是很好的——万物皆是佛；哪怕没有佛。当你不理解佛时，如果我说没有佛，你就会担心："你是僧人，你怎么能说没有佛呢？那你为什么要诵经？为什么要向佛礼拜？"因为没有佛，所以我们向佛礼拜。如果你拜佛是因为有佛，那就不是真正理解佛。日面佛，月面佛——都没有问题。不管我在塔萨亚拉，还是在旧金山，都没有问题。即使我死了，对我对你也没有关系。如果有问题，你就不是习禅之人。完全没有问题，那就是佛。

如果我临终时遭受苦痛的折磨，那就是受苦佛，这其中没有迷惑。也许每个人都会由于肉体或精神上的极大痛苦而挣扎，但那不是问题。我们应当为拥有像你我这样有限的躯体而心存感激。如果你拥有无限的生命，那对你来说才是个大问题。

我太太最喜欢观看的那档电视节目里，有一些很久以前逝去的鬼魂，他们出现在这个世间，并为自己和他人制造了许多麻烦。事实就是这样。人就是人，我们只能以有限的肉体来享受人生。这个局限极其重要。没有局限，万物就无法存在，所以我们应该享受这种局限：虚弱的身体、强壮的身体；男身或女身。享受生活的唯一方法就是去享受我们被赋予的局限。

"日面佛，月面佛"并不是说要变得对人对事漠不关心："无论是日面佛，还是月面佛，我都不在乎。"它是指不管是什么，我们只是去享受它。这也超越了"不执着"的境界，因为当我们的执着达到不执着的地步，那就是真正的执着。如果你执着于某事，那就彻彻底底地执着于它。日面佛，月面佛！"我在此处，我就在此处。"这种自信心很重要。当你对自己、对你的本性拥有这份信心时，你就可以超越完美或不完美、好或坏，去修习真正的坐禅。

谢谢各位。

像青蛙一样打坐

　　"青蛙是我们修行的好榜样。当你修行了很长一段时间后，你会笑起来，一方面是笑那些陷入了错误的修行思想的人，而另一方面则是笑自己，终日打坐，却无所作为，进步不大。"

　　最近，我在日历上看到一幅由仙崖义梵[1]所绘的青蛙图，上面有他的题字："如果我们能通过禅坐修行而成佛……"他没有再写下去，但是我们可以想象这只青蛙在想什么："如果人可以通过禅坐修行而成佛，那我也可以成佛。"就我们当中对修行有所了解的人而言，当我们看见某人打坐以求开悟，我们会想："啊，他坐得真像一

1.仙崖义梵（1750—1837），日本江户时代的画家与书法家。他11岁时成为临济禅僧人，后投身于绘画与书法。其作品由水墨绘成，题材多样，笔触敏锐自然，并富有幽默感。——译者注

只青蛙。"

　　实际上，青蛙的打坐方式比我们的坐禅要好得多。我总是钦佩它们的修行功夫。它们从来不打瞌睡，眼睛总是睁着，而且它们是以适当的方式依直觉行事。当猎物来了，它们的反应是：一口吞下！它们绝不会错过任何目标，总是冷静地坐在那里一动不动。我真想自己能成为一只青蛙。

　　如果你懂得了仙崖义梵的青蛙图想表达的意思，你就已经领悟到禅是什么了。他的画作富于幽默，并体现了他对禅修有很深的理解。即使我们的修行并不比青蛙的好，我们还是坚持打坐。当你修行了很长一段时间后，你会笑起来，一方面是笑那些陷入了错误的修行思想的人，而另一方面是笑自己，终日打坐，却无所作为，进步不大。你会嘲笑自己。当你能嘲笑自己的时候，就有了觉悟。

　　你坐禅的功夫可能还是初学者的水平，有时甚至还不如初学者。有时，当我看见修得很好的学生，我会为自己感到惭愧："啊，他修得真好。"我真希望自己能再年轻一次，但已太迟了。不管怎样，我们的修行无法超越静坐的青蛙，但那也没有关系。看见别人坐禅坐得好，是件鼓舞人心的事情，不只是对我，对每个人也是如此。如果你坐禅的功夫不错，足以给别人留下好的印象，你就是真的修得不错，即使你自己不那么认为。同样地，即使你认为自己坐禅的功夫很好，而且为自己的开悟体验感到自豪，但如果你的修行无法激励任何人，那也许是错误的修行。

当我们谈及戒律时，我们说不要做这个，不要做那个，但如果你在做某件好事，比如坐禅，你就不可能在同一时间做坏事。如果你持续地去做好事，那就是持戒的方法。所以，重点就是只管打坐，忘掉一切名与利。只为坐禅而打坐，那就要有真正的求道之心，找出你内心深处的渴望。

有着求道之心的修行会使你的直觉敏锐，这样你在做选择时就不会那么困难。做选择的时候，你想知道什么是好的、什么是坏的，通过比较，你就能买到或得到好的东西。也许你在试着从各种颜色和材质的布料中挑选出合适的一款，但即使你花上两三天，最后你也许会买下一款并不适合自己的布料。你又回到同一家商店，如果他们允许退换商品，你就比较幸运。

不要说这种修行没用，这其实是你修行路上的第一步。如何能有好的修行和如何买到适合自己的商品是同一回事。当你不过度陷入其中，不买太多，你就能买到合适的商品。

当你知道了如何应用你的直觉，你的活动就能不受各种限制，你会在日常生活中找到自己的道路。除非你懂得了为什么我们要修习坐禅，以及什么是真正的行动，即超出各种欲望和限制的直觉行动，否则你很难明白何为好的修行。但我们依然可以继续坚持修行，渐渐地，你在不知道要怎么去获得那种直觉行动的情况下，最终还是会得到它。所以，陷入某种艰苦而特别的修行中是相当愚蠢的。禅修已经够难的了，只有通过禅修，诸位祖师大德才证得开悟，并成为真正的佛弟子。

如果你懂得了真正的修行，那么射箭或其他活动也可以是禅。如果你不懂得如何真正地练习射箭，那么即使你非常刻苦地练习，你所学到的也只是技巧而已，那并不能彻底地帮助你。或许你能毫不费力地射中靶心，但没有弓箭的话，你就什么也做不了。如果你明白了修行的要点，那么就算没有弓箭，射箭也能给你帮助。如何才能得到那种能力？只有通过正确的修习。道元禅师曾说，要有正确的修行，就要有好的老师，并接受正确的指导。

否则，你是不会理解禅的。

　　只需坚持这种正确的修行或基本的修行，这是最为重要的事。

　　谢谢各位。

[日]铃木俊隆 著

杨滢玮 译

关于禅修的日常开示

团结出版社

© 团结出版社，2025 年

图书在版编目（ＣＩＰ）数据

禅者的初心 /（日）铃木俊隆著；杨滢玮译 .

北京：团结出版社，2025.3. -- ISBN 978-7-5234
-1270-1

Ⅰ . B946.5-49

中国国家版本馆 CIP 数据核字第 2024LB4360 号

责任编辑：夏明亮
封面设计：宋　萍

出　版：团结出版社
　　　　　（北京市东城区东皇城根南街 84 号　邮编：100006）
电　话：（010）65228880 65244790
网　址：http://www.tjpress.com
E-mail：zb65244790@vip.163.com
经　销：全国新华书店
印　装：北京天宇万达印刷有限公司

开　本：128mm×183mm　　32 开
印　张：12.25　　　　　　　字　数：190 千字
版　次：2025 年 3 月　第 1 版　　印　次：2025 年 3 月　第 1 次印刷

书　号：978-7-5234-1270-1
定　价：78.00 元（全二册）

The characters for "beginner's mind" in calligraphy by Shunryu Suzuki

铃木书法的禅道

铃木禅师亲笔书写的"如来"

序

初心

"初学者的心中充满了各种可能性，但老手的心中却没有多少可能性。"

人们常说禅修很难，却对其原因存在误解。禅修之难，并不在于盘坐的姿势，也不在于开悟，而是在于从根本上保持我们内心和修行的清净。禅宗在中国创立之后，在许多方面都有了发展，但与此同时，禅宗却变得越来越不清净了。我在这里并不想谈论中国禅宗或禅宗历史，我只想帮助你们远离不清净的修行。

日语里有个词叫"初心"，意思是"初学者的心"。修行的目的就是要始终保持我们的初心。假如你只背诵一遍《般若波罗蜜多心经》（下文简称《心经》），你可能会背得很好，但如果你背诵两遍、三遍、四遍或以上，又会怎样呢？你可能很容易就失去了原本对它的态度。同样的情况也会出现在其他形式的修行上。刚开始的一段时间，你会保持着初心，但再修行两三年或更长时间，虽然你会有所长进，却很容易会丢失本心的无限意义。

对学禅之人而言，最重要的一点就是不要陷入二元思维之中。我们的"本心"里包罗万象，本自具足。你们不应丢失自己那本自具足的心境。这并不是指一种封闭的内心，它实际上是一种虚空的心，即一种能随时接纳万物的心。如果你的心是空的，那它随时都能接纳任何事物，对一切都抱持开放的态度。初学者的心中充满了各种可能性，但老手的心中却没有多少可能性。

如果你的分别心太重，就会画地自限。如果你太苛刻或者太贪婪，你的内心就不会丰富而自足。假如我们失去了本自具足的心，我们就会丢掉所有的戒律。当你的心变得难以满足，总是渴求得到什么，你最终就会违犯自己所守的戒律，即不妄语、不偷盗、不杀生、不邪淫，等等。如果你守住了本心，戒律自然就守住了。

初学者的心中不会有"我已经达到了什么境界"这样的想法。所有以自我为中心的想法都会使我们广大的心量受到限制。当我们不去想成就、不去想自己，我们才是真正的初学者。这样我们才能真正学到东西。初心就是怜悯心。当我们富有怜悯心时，我们的心量就宽广无边。日本曹洞宗的初祖道元禅师总是强调，恢复我们那无边的本心是多么重要。这样我们才会始终忠于自己，怜悯众生，才能真正地修行。

因此，最难的是始终保持初心。没有必要去深究禅是什么。即使你读过许多关于禅学的资料，你还是要以崭新的心态来读每句话。你不应该说"我知道禅是什么了"或者"我开悟了"之类的话。这也是艺术的真正秘诀：始终做个初学者。千万千万要注意这一点。如果你开始坐禅了，你就会开始欣赏自己的初心。这就是禅修的秘诀。

目 录

· 禅者的初心 ·

001   **第一部分**
          正确的修行

003   坐禅的姿势

009   呼吸

013   管束

017   内心的波澜

020   心中的杂草

023   禅的精髓

027   摒弃二元思维

031   叩拜

036   没什么特别的

041   **第二部分**
          正确的修行态度

043   一心专注之道

047   不断重复

050   禅与兴奋

053   正确地用功

058　不留痕迹

063　上帝的馈赠

068　修行中的错误

073　限制自己的活动

076　研究自己

081　磨砖成镜

087　坚定不移

091　沟　通

096　消极与积极

100　从瀑布中体会涅槃

105　**第三部分**
　　　正确的修行见解

107　传统禅宗的精神

112　无　常

115　存在的性质

120　自然

125　空性

130　保持正念

134　相信"无中生有"

138　放下执着

142　平静

145　是体验，而非哲学

149　原始佛教

153　　意识之外
158　　佛陀的觉悟

161　　**跋**
　　　　禅心

第一部分
正确的修行

"禅修是我们真如本性的直接表现。严格地说，人除了这种修行，就没有别的修行；除了这种生活方式，就没有别的生活方式。"

坐禅的姿势

"这些形式并不是获得正确心境的途径。采取这种姿势本身就拥有了正确的心境。没有必要去企求某种特别的心境。"

现在，我想谈谈我们坐禅的姿势。当你采取全莲花坐（双盘）的坐姿时，你的左脚放在右大腿上，右脚放在左大腿上。当我们以这样的姿势双腿盘坐时，虽然我们有左脚和右脚，但是它们已经合二为一了。这种姿势表现了二元的统一性：非二，亦非一。这是（佛教）最重要的一条教义：非二，亦非一。我们的身和心既非二，亦非一。如果你认为身和心是二，那就错了；如果你认为它们是一，那也错了。我们的身和心既是二，又是一。我们通常认为，某个事物不是一就是大于一，不是单数就是复数。但在真实经验中，我们的人生不仅是多元的，也是独一无二的。我们每个人既有所依赖，又相互独立。

若干年后，我们都会死去。如果我们只是认为这就是生命的终点，那就是个错误的认识。另外，如果我们认为我们不会死，那也是错的。我们会死，而我们又不会死，这才是正确的知见。有人会说，我们的心或灵魂是永远存在的，只是肉体会死去而已。但这并不完全正确，因为身和心都有其尽头。但与此同时，身和心都永恒存在，这也是真的。虽然我们有"心灵"和"身体"这两个概念，但是它们其实就像硬币的两面，这才是正确的知见。所以，我们所采取的这种坐姿就代表这一真相。当我把左脚放在身体的右侧，把右脚放在身体的左侧时，我已分不清哪只是左脚，哪只是右脚了。这样一来，两只脚都可以是左脚，也可以是右脚。

坐禅时最重要的一点是保持脊柱挺直。双耳和双肩都要在一条水平线上；肩膀放松，后脑勺向上顶向天花板，下巴内收。当下巴上扬时，你的姿势会松垮无力，很可能会走神。而且，要使坐姿有力，就要让横膈膜向小腹下压，这样会有助于保持身心的平衡。当你试着保持这种姿势时，刚开始你会觉得呼吸有点不自然，但习惯以后,气息就会顺畅而深长。

双手要结成"禅定印"。把左手搭在右手之上，双手中指的中间指节相抵,两只手的拇指轻轻相碰（两拇指之间就像夹了一张纸），双手就会构成一个漂亮的椭圆形。要小心翼翼地保持着这个手印,仿佛手中端着珍宝一样。双手要挨着身体,拇指的高度大约与肚脐平齐。轻松自然地弯曲双臂,稍微离开身体一点,就像在每条胳膊下夹着一个鸡蛋而不把它压碎。

身体不要倾向一侧,也不要前倾或后仰。身体要坐直,就像头顶着天空一样。坐禅不只是形式或者呼吸练习,它体现了佛教的要点,完美地展现了你的佛性。如果你想真正地了解佛法,就应该这么修行。这些形式不是获得正确心境的方式,采取这种姿势本身就是我们练习的目的。当你采取这种坐姿时,自然会有正确的心境,因此没有必要去企求某种特别的心境。当你有所企求时,你的内心就开始在别处游荡;当你无所企求时,你的身心就能安住于此处。一位禅师曾说:"见佛杀佛!"如果佛在别处,就"杀"了他,因为你要恢复自己的佛性。

我们所做的事会展现我们自己的本性。我们不是为别的事情而活,我们是为自己而活。这就是我们遵循的形式中所表达的基本教义。正如打坐一样，我们在禅堂里站着也有规矩。但制定这些规矩的目的不是让每个人都一模一样，而是让每个人以最自在的方式展现他们的自我。例如，每个人都有自己的站姿，所以我们的站姿要根据自己的身材比例来决定。当你站立时，两脚跟之间应该留有一个拳头的宽度，两只大脚趾应该与两边乳头成一直线。坐禅时，腹部要用点力。另外，你的双手也应该体现你的自我。左手靠近胸部，手指将拇指包住，右手放在上面。右手拇指向下，前臂与地板平行，你会觉得自己好像抱着一根圆柱子（寺庙里的那种大圆柱子），这样你就不会弯着身子或者歪到一边去。

最重要的一点是要管好你自己的身体。如果你弯着身子，就会迷失自我，你的心就会游荡到别处，你就不在自己的身体里了。这不是正道。我们必须活在此处，活在当下！这是关键。你必须掌控自己的身和心。一切都应该以正确的方式处于正确的地方，这样就不会有问题了。如果我说话的时候，麦克风却在别的地方，它就不能发挥作用了。当我们把身和心都定下来时，其余的一切都会各安其位，各得其所。

但我们通常总是不知不觉地想改变其他事物，而不是自己，我们总要去管身外之事。但如果你连自己都没有管好，你是不可能管好别的事情的。而当你在恰当的时候以正确的方式去做事情，一切都会妥妥当当。你才是"领导"。领导在睡觉时，其他人也跟着睡觉；领导把自己的事情做好，其他人就会在恰当的时候把事情做好。这就是佛家的奥秘。

因此，一定要时刻保持正确的姿势，不只是坐禅时要这么做，而是在所有的活动中都要这么做。你在开车也好，在看书也好，姿势都要正确。如果你斜着身子看书，你很快就会打瞌睡。你去试试。你会发现，保持姿势正确是多么重要。这才是真正的传授，那些写在纸上的东西不算真正的传授。书上写的教理是用来滋养大脑的。诚然，你的大脑需要营养，但以人生的正道去修行，从而去做你自己，才是更为重要的事。

这就是佛陀无法接受当时各种宗教的原因。他研习过许多宗教，但他对那些宗教的修行方式并不满意。他无法从苦行和各种哲学思想中找到答案。他感兴趣的并不是某种形而上的存在，而是此时此地自己的身和心。当他找回自我以后，他发现一切众生皆有佛性，于是他开悟了。开悟并不是某种美好的感觉，也不是某种独特的心境。当你用正确的姿势打坐时，这时的心境就是开悟。如果你并不满足于坐禅时的心境，这说明你的心还在四处游荡。我们的身心不应该左右摇摆或者四处游荡。采用我所说的这种坐姿时，没有必要再去谈论何为正确的心境，此心即是。这就是佛家的结论。

呼 吸

"我们所说的'我'，只是一扇随我们一呼一吸而摇摆的活动门。"

　　我们坐禅时，内心总是跟随着我们的呼吸。吸气时，空气进入内部世界；呼气时，空气排出到外部世界。内部世界是无限的，外部世界也是无限的。虽然我们有"内部世界"和"外部世界"之分，但实际上只有一个世界。在这个无限的世界里，我们的喉咙就像一扇活动门，空气进出时就像有人穿过活动门一样。当你想着"我在呼吸"，这个"我"就是附加的，根本就没有一个"你"可称作"我"。我们所说的"我"，只是一扇随我们一呼一吸而摇摆的活动门。门在动，仅此而已。如果你的内心足够清净平和，能够跟随它的摇摆，你会发现其实什么都没有：没有"我"，没有世界，没有身体，也没有内心；只有一扇活动门而已。

　　所以，我们坐禅时，就只有呼吸的动作，但我们能察觉到这个动作，而不应该心不在焉。可是，要察觉这个动作并不是要察觉你的"小我"，而是要察觉你的普遍本性，也就是佛性。这种意识十分重要，因为我们看待事物通常都是片面的。我们对生活的认知通常都是二元的：你和我，这和那，好和坏……但其实这些区别本身就是对普遍存在的事物的一种认知。"你"是指以你的形式去感知宇宙，而"我"则意味着以我的形式去感知宇宙。"你"和"我"仅仅是活动门而已。我们需要有这种认识。这甚至都不应该叫作"认识"，这其实是通过禅修而获得的真实生活体验。

　　因此，我们坐禅时，时间和空间的概念是不存在的。你可能会说："我们从5点45分开始在这个房间里打坐。"这样你就有时间的概念（5点45分）和空间的概念（在这个房间里）。可实际上，你所做的只是坐着，并察觉着宇宙的活动，仅此而已。活动门这一刻正朝这一边打开，而下一刻就朝另一边打开。我们每个人每时每刻都在重复这种活动。此时，时间和空间的概念都不存在了，时间和空间合而为一了。你可能会说"我今天下午要做某事",但实际上并没有"今天下午"。因为我们做事情是一件接着一件的,根本没有"今天下午""一点钟"或者"两点钟"这些时间概念。你会在一点钟吃午饭,吃午饭本身就是一点钟。那时你可能身处某个地方,但那个地方与一点钟是分不开的。对于那些真正欣赏我们这种生活的人,他们也同样如此。可是当你厌倦了这种生活时,可能会说:"我不应该到这里来,到别的地方吃午饭要比这里好得多,这里的午饭不怎么样。"此时,你的头脑中就产生了一个与实际时间分开的空间概念。

或者你会说:"这件事不对,所以我不该做这件事。"实际上,当你说"我不该做这件事"时,你在那一刻所做的就是不做某事。所以你没有选择。当你将时间和空间分开时,你觉得自己似乎有了选择的余地,但实际上你还是得做(或者不做)某事。"不做"本身就是一种"做"。事情的好坏只在于你的心。所以,我们不该说"这件事是对的"或者"这件事不对"。与其说"这件事不对",不如说"不要做"!如果你认为"这件事不对",这种想法就会给你自己带来困惑。要知道,在清净的宗教领域中,没有时空、好坏这样的困惑。我们所要做的就是顺其自然,当事情来了,做就是了!无论什么事情,我们都要做出行动，即使不做某事，也是一种行动。我们要活在当下。因此，我们打坐时要专注于自己的呼吸，这样我们就变成了一扇活动门，然后我们就做自己该做的、必须做的事情。这就是禅修。在这种修行中，不存在任何困惑。如果你过上了这种生活，你就不会有丝毫的困惑。

著名的洞山良价禅师曾说："青山白云父，白云青山儿。白云终日倚，青山总不知。"这是对人生的一种纯粹而透彻的诠释。许多事物之间的关系就像青山和白云之间的关系一样，譬如男人和女人、师父和徒弟。他们相互依赖，但白云不受青山所扰，青山也不受白云所扰。他们既相互独立，但又相互依存。我们就应该这样去生活和修行。

当我们真正成为自己时，我们就变成一扇活动门，我们与万事万物既相互独立又相互依存。没有空气，我们就无法呼吸。我们每个人都处于无数个生活圈子之中，而我们每时每刻都处于圈子的中心。因此，我们完全依赖于外界，又完全独立于外界。如果你有这样的体验，过着这样的生活，你就拥有了绝对的独立性，不受任何的外界干扰。所以坐禅时，你的心应该集中在自己的呼吸上。这种活动是一切众生的基本活动。没有这种体验和修行，就不可能获得大自在。

管　束

"管好牛羊的方法就是给它们一片辽阔的草地。"

安住于佛性之中意味着小我每分每秒都在死去。当我们失去了平衡,我们就会死去,但与此同时,我们也得到了成长和提升。我们所看到的一切都在变化,失去平衡。每个事物看上去都很美,那是因为它们失去了平衡,可是它们的背景却总是非常和谐。万物就是以这种方式存在于佛性之中,在非常平衡的背景里失去自身的平衡。因此,在看待万物时,如果你没有意识到背景中的佛性,就会觉得万物仿佛都在受苦。但如果你了解了这个存在的背景,就会意识到受苦本身就是我们生活的方式,也是我们延展人生的方式。因此,禅宗有时会强调生命的失衡和无序。

　　日本的传统绘画如今已变得非常拘谨而了无生趣，因此才诞生了现代艺术。古代画家常常会在纸上画下一些看似杂乱无章而又富有艺术感的点，这是很难的一件事。即使你试着这么去画，所画出来的点通常也带有某种秩序。你以为自己能掌控它，但其实不然；要让你所画的点完全没有秩序，那几乎是不可能的。你的日常生活也是如此。即使你想让别人受到你的管束，但这是不可能的，你是做不到的。要管束他人的最佳办法就是鼓励他们做些调皮的事。这样从更广的意义上来说，他们就受你管束了。管好牛羊的方法就是给它们一片辽阔的草地，对人也是同样的道理。先让他们做自己想做的事，并看着他们，这是最佳的策略。对他们不予理睬不是好办法，那是最下等的策略。次下等的方法就是去管束他们。最佳办法就是只看着他们，不加以管束。

　　同样的道理对你自己也管用。如果你想在坐禅时获得完全的平静，就不要受到脑海中的各种影像干扰。让它们来，再由它们去，那么这些念头就会受到你的管束。但这个方法并不容易。听起来不难，但需要下一番功夫才能办到。如何用功是修行的秘诀。假设你在一些特殊情况下打坐，如果你刻意地使自己的心安定下来，你是坐不住的；如果你有意识地使自己不受干扰，这么做也是不对的。唯一能帮助你定下心来的方法就是数息法，即专注于自己的一呼一吸。虽然我们说要专注，但把心专注于某件事上并不是禅的真正目的。真正目的是要如实地观察事物，让一切顺其自然地来去。这就是最广义的使一切受到掌控。禅修就是要敞开我们狭小的心灵，而专注只是一种辅助方法，帮助我们亲证"心即一切"的广大心量。如果想在日常生活中发现禅的真谛，你就必须明白坐禅时专注于呼吸和正确坐姿的意义。你要遵循修行的规矩，修习时要更加敏锐而细心。只有这样才能体悟到禅的大自在。

　　道元禅师曾说："时间从今至古。"这个说法听上去很荒谬，但在我们的修行中有时却是真的。时间并不是从过去行进到现在，而是从现在回溯到过去。源义经（Yoshitsune）是日本中世纪时期有名的武士，他因时势所迫而被派往北方省份，最后在那里战败而死。他临走前跟爱妾道别，他的爱妾不久后写了一首诗，其中两句是："君解轴上线，妾盼昔变今。"当她说出这句话的时候，她其实把过去变成了现在。在她心中，过去变得鲜活起来，在那一刻成了当下。所以，道元禅师所说的那句"时间从今至古"用逻辑思维来看是不成立的,但在真实的体验中确实存在。这里有诗歌为证,也有人生为证。

当我们体验到这种真相时,就意味着我们发现了时间的真正意义。时间不停地从过去走到现在,从现在走向未来,这是真的。但时间从未来走到现在,从现在走到过去,这也是真的。一位禅师曾说:"向东走一里即是向西走一里。"这就是自在无碍的境界,我们都要得到这种大自在。

可是要得大自在,就要遵循一些规矩。人们(尤其是年轻人)认为,自由自在就是做自己想做的事,禅修无需规矩。但规矩对我们来说是绝对必要的。可是,这并不意味着总要使自己受到管束。只要有了规矩,你就有了获得自在的机会。企求获得自在而不知道规矩,那是毫无意义的。我们坐禅正是为了得到这种大自在。

内心的波澜

"因为我们把生活的方方面面看作'大心'的呈现来细细品味，所以我们不贪图一切过度的欢乐，于是我们的内心从容自在。"

坐禅时不要刻意去压制你的思绪，让它自己止息。如果某个事情走进了你的心，就让它进来，然后让它自己离去，它不会停留很久的。当你刻意停止思考时，你就受它所扰了。不要受任何事物干扰。某个东西似乎从外面走进了你的内心，但实际上它只是你脑海中的波澜，它会渐渐平静下来的。只用五分钟或者最多十分钟，你的内心就会变得完全平静安详。这时，你的呼吸会放慢很多，而你的脉搏则会变得稍微快一些。

在修行时，你往往需要很长时间才能使自己心如止水。许多感觉会油然而生，许多思绪或者形象会一一涌现，但这些都仅仅是你内心的波澜，没有外物进入你的内心。我们通常以为心是用来接收各种外部观感和体验的，可是这种对心的理解是不对的。正确的理解是：心包含了一切。当你以为某个事物从外面进来了，事实上它只是在你的脑海中浮现而已。你身外的一切都不会带来烦扰，只是你自己在脑海中掀起了波澜。如果你不去管它，内心自然会平复下来。这种心就叫"大心"。

如果你的心与外界互相关联，这种心就是一颗"小心"，是一颗受局限的心；如果你的心与一切都不产生关联，你的内心活动就不会有二元思想，你只把这些内心活动看成脑海中的波澜而已。"大心"是从内在去体会万物。一种心含藏了万物，而另一种心则与某个事物相关联，你明白这两种心的差别吗？其实，它们是同一种东西，只是在理解上出现了差异，而你对生活的态度也会因为你在理解上的差异而有所不同。

你的心中包含了一切，这是心的本质。要体会这一点就要具有宗教情怀。即使思绪涌现，但你的心的本质是清净的，就像带有涟漪的一汪清水。实际上，水总是会起波澜的，波澜就是水的习性。只谈波澜而不谈水，或者只谈水而不谈波澜，都是谬论。水和波澜是一体的。

"大心"和"小心"也是一体的。当你能这样去认识自心，你就会感到心安。因为你的内心不求任何外物，它本自具足。一颗带有波澜的心并不是一颗动荡不安的心，而是一颗放大了的心。你体验到的一切都是"大心"所呈现的。

"大心"的活动就是通过各种经历来放大自己。从某种意义上说，我们那些接踵而至的经历总是新鲜的，但从另一种意义上来说，它们只不过是那一颗"大心"在持续或反复地呈现。比如，你早餐吃了美味可口的食物，你会说："这真好吃！""好吃"这个感受其实很久以前你就体验过了，即使你可能想不起是什么时候。我们以这颗"大心"去接纳自己所经历的每件事，就如同从镜子中认出自己的脸一样。我们不怕失去这颗"大心"，它不生不灭，无惧死亡，也没有老、病之苦。因为我们把生活的方方面面看作"大心"的呈现来细细品味，所以我们不贪图一切过度的欢乐，于是我们的内心从容自在。我们坐禅时正需要有这颗从容自在的"大心"。

心中的杂草

"你应该感激自己心中的杂草，因为它们最终会使你的修行变得充实。"

清晨闹钟响起，你要起床了，我想你可能会有起床气。一大早去坐禅，这并不容易做到，即使你到了禅堂后开始坐禅，你还得鼓励自己要好好打坐。这些思绪都只是你脑海中扬起的波澜。在清净的禅坐中，脑海中不应该有任何的波澜。当你打坐时，这些波澜会变得越来越小，而此时你要克服的则是一些不易察觉的感受。

我们说："拔除杂草，给植物提供养分。"这是指我们拔除杂草后，将其埋在植物附近，就能给植物提供养分。因此，即使你修行时遇到难题，即使你打坐时内心波澜起伏，但那些波澜本身会有助于你的修行。因此，你不应受你的思绪所扰。相反，你应该感激心中的杂草，因为它们最终会使你的修行变得充实。如果你能体会到自己心中的杂草是如何转化为精神上的养分的，你的修行就会突飞猛进。你会感受到自己的进步，并会感受到它们转变为自身养分的过程。诚然，要给我们的修行赋予一种哲学上或心理上的诠释，虽然这并非难事，但这是不够的，我们必须要亲身体会心中的杂草是如何转化为养分的。

严格地说，我们刻意去下功夫并不利于修行，因为这会在我们的心中扬起波澜。可是，不下任何功夫而想要达到绝对平静，这是不可能的。我们必须下点功夫，但必须在用功的过程中忘掉自我。在这个境界里，没有主观，也没有客观。我们的内心只有平静，甚至没有了意识。在这种无意识的境界中，所有的功夫、观念和想法都会消失。因此，我们需要鼓励自己，要努力到最后一刻，那时所有刻意的努力都将消失。你要把注意力集中在呼吸上，直到你已察觉不到自己在呼吸。

我们要永远不断地精进，但不要期望能达到一种全然忘记自己在用功的境界。我们只需专注于自己的呼吸，这才是我们真正的修行功课。如此一来，这种打坐的功夫将会越来越纯熟。起初，你的功夫可能很不清净，心也很粗，但随着修行日深，功夫会越来越清净。当你的修行功夫变得清净了，你的身心都会变得清净。这就是我们修禅的方式。一旦你明白了我们本来就具有净化自我和环境的能力时，你就能做出正确的行为，向身边的一切学习，并与人为善。这就是禅修的好处。而修行的方法就是以正确的姿势打坐，专注于呼吸，心地清净地用功。这就是我们修禅之道。

禅的精髓

"以正确的姿势坐禅时，你的身心会拥有巨大的能力去接受事物的本来面目，不管好坏。"

佛教经典《杂阿含经》卷三十三中提到，世上有优、良、贫、劣四等马。上等的好马一看到马鞭的影子就能按照骑马之人的要求跑，让它快就快，让它慢就慢，让它向左就向左，让它向右就向右；第二等的马虽然也和上等马一样能跑，但要在马鞭接触到皮肤之前才肯跑；第三等的马则要感受到马鞭打在身上的疼痛才肯跑；第四等的马则要等到痛彻骨髓才肯跑。可想而知，要让第四等的马学跑有多难！

听完这则故事，几乎所有人都想当上等好马。如果不能做上等好马，那就做第二等。我想，这就是一般人对这则故事以及对禅的理解吧。你可能会认为，自己坐禅时就能知道自己到底是上等马还是下等马。然而，这是对禅的一种误解。假如你以为禅修的目的是要训练你成为上等好马，你就会出大问题。因为这种理解是不对的。如果你的修行方法正确，无论你是上等还是下等都无所谓。想想佛陀的慈悲，你觉得佛陀会如何看待这四等马？他对下等马的同情心会胜过上等马。

当你决心以佛陀的"大心"来修禅时，你会发现下等马是最宝贵的。正是这种不完美，才使自己拥有一颗坚定求道的心。那些打坐姿势很好的人，通常要花更长的时间才能体悟真正的禅道、禅的真味、禅的精髓；但那些觉得禅修非常困难的人，反而会从中领悟到更多意义。所以我认为，上等马有时可能是下等马，下等马有时反而是上等马。

如果你有学过书法，就会发现手不太灵巧的人通常能成为最好的书法家，而那些手很灵巧的人到了某个阶段后通常会遇到难以突破的"瓶颈"。艺术如此，禅也是如此。生活中的确会遇到这种情况。所以谈论禅道时，我们不能用一般意义上的"好"与"不好"来评价他人的修行。每个人坐禅时采取的姿势并不相同，有的人可能无法做到双腿盘坐。可是即使你不能采用正确的坐姿，但只要你唤起自己求道的真心，就能从真正意义上去修禅。实际上，打坐很困难的人比打坐很轻松的人更容易激发起求道的真心。

在反思自己日常生活中的所作所为时，我们总会为自己感到羞愧。我的一名学生给我来信说："您寄了一本日历给我，我就试着遵照每一页上的格言来做。可是这一年才刚刚开始，我就已经做不到了。"道元禅师曾说："将错就错。"在他看来，将错就错也可以是禅。一位禅师的人生可以说是数十年的将错就错，这是指他数十年来都在一心一意地用功。

我们说"好父亲不是好父亲"，你明白这句话的意思吗？自认为是好父亲的人肯定不是好父亲，自认为是好丈夫的人肯定不是好丈夫。而如果一个人认为自己是个糟糕的丈夫，并且总是一心一意地努力去做个好丈夫的话，他就可能是个好丈夫。如果出于疼痛或者身体上的原因而无法打坐，那你可以用厚坐垫，或者干脆坐在椅子上，但无论如何，你还是要坚持打坐。那么即使你是下等马，也会得到禅的精髓。

假设你的孩子正遭受绝症的折磨，而你不知道该怎么办，总是坐立难安。平时，你认为最舒服的地方就是一张温暖舒适的床，可是现在由于精神上的痛苦，你无法入眠。你可能会来回踱步，进进出出，但都无济于事。其实，减轻精神折磨的最佳办法就是坐禅，哪怕此时你的内心非常迷茫，坐姿也不正确。如果你没有经历过在这种困境之下打坐，你就算不上是一个学禅之人。没有别的办法能缓解你的痛苦。如果你采用其他浮躁的坐姿，你就没有接受困境的力量，但采用你长期努力习得的正确姿势去坐禅，你的身心都会获得巨大的力量，使你能够接受事物的本来面目，不管它们是好是坏。

当你心情不悦时，最好去打坐。没有别的办法能使你接受自己的难题，并去解决它。无论你是上等马还是下等马，无论你的坐姿是否标准，都没有关系。每个人都可以坐禅，并用这种方法去接受和解决自己遇到的问题。

你在打坐的过程中正想着自己的问题时，哪个对你来说更真实呢？是你的问题，还是你自己？意识到自己此时就在此处，这才是终极的事实真相。你会在练习坐禅中领悟到这一点。当你经历过一次又一次的顺境和逆境之后，你会在不断的修行中领悟到禅的精髓，并从中获得其真正的力量。

摒弃二元思维

　　"止住念头并不是要停止内心的活动，而是指你的心要观照全身。双手结印时要全神贯注。"

　　我们说修行时不应该心有所求，不应该抱有期待，即使期待开悟也不行。然而，这并不是说要漫无目的地打坐。这种心无所求的修行源于《心经》。可是，如果你不去细心体会，这部经就会使你产生"有所求"的心。经云："色不异空，空不异色。"但如果你太执着于这句话的表面意思，你就很容易陷入二元思维之中：一边是你，是色的范畴，而另一边是空；你努力想通过自己的色身去体会空。所以，"色不异空，空不异色"仍然是二元思维。不过，经文接着又说："色即是空，空即是色。"这就没有二元思维了。

你在打坐时觉得杂念纷纷而仍想止住念头时，你就处于"色不异空，空不异色"的境界。但即使你用这种二元思维来修行，随着修行的深入，你会逐渐与自己的目标合而为一。当你感觉修行毫不费力时，你就能止住念头。这就进入了"色即是空，空即是色"的境界。

止住念头并不是要停止内心的活动，而是指你的心要观照全身。你的心要跟随着呼吸。双手结印时要全神贯注。你要全心全意地打坐，即使双脚疼痛也不为所动。这就要在打坐时心无所住。刚开始你会感觉坐得很不自在，但如果你不受其干扰，你就已经体会到"色即是空，空即是色"的道理了。因此，要在有所约束的情况下找到自己的方法，这就是修行之道。

修行不是指你所做的一切（甚至躺下）都是坐禅。身体有所约束而不受其制约，才是修行的真正意义。你可能会说："我所做的一切都是佛性的体现，所以我做什么都没有关系，也没有必要坐禅。"当你说这番话的时候，你就已经陷入日常生活的二元思维了。如果真的没有关系，你也没有必要说这番话。只要你关心自己所做的事情，那就是二元思维。如果你一点都不关心，就不会这么说了。打坐时就打坐，吃饭时就吃饭，仅此而已。如果你说"这没有关系"，这意味着你在找借口去凭着那颗"小心"按自己的方式行事。这表示你执着于某种特定的事物或方式。这并不是我们所说的"只管打坐就够了"或者"无论你做什么都是坐禅"的真正意思。诚然，我们所做的一切都是坐禅，但果真如此，就没有必要说出来。

打坐时就只管打坐，不受脚痛或者困倦的干扰，这才是坐禅。但最初是很难接受事物的本来面目的。你会因为修行时产生的感受而生起烦恼。做任何事情（无论是好是坏），都能不受干扰，不因心中的感觉而生起烦恼，这才是真正意义上的"色即是空，空即是色"。

如果人们罹患了像癌症这样的疾病，并得知自己只能再活两三年，他们在寻求某种精神寄托时，可以选择修行。有的人可能会依赖神的帮助，而有的人则会开始坐禅。他坐禅时会专注于体悟心的空性，这表示他想要摆脱二元思维所带来的痛苦，这就是在修习"色不异空，空不异色"。因为万法皆空，他想在其人生中亲证这一空性。如果他以这种方法修行，真信真干，那当然会对他有所帮助，但这并不是圆满的修行。

知道人生苦短，并过好每一天、每一刻，这才是"色即是空，空即是色"的人生。佛来了，你欢迎他；魔来了，你也欢迎他。中国著名的马祖道一禅师曾说过一句话："日面佛，月面佛。"有一天他身体不适，有人问他："师父身体还好吗？"他回答说："日面佛，月面佛。"这就是"色即是空，空即是色"的人生。活一年也好，活一百年也好，都没有问题。如果你坚持修行，你也会达到这一境界。

刚开始修行，你会遇到各种各样的问题，你要努力让自己坚持下去。对于初学者来说，毫不费力的修行并不是真正的修行。尤其是年轻人，要想有所成就，就必须下一番苦功，要竭尽所能去努力。色即是空，你必须坚持自己的修行方式，直到你达到完全忘掉自我的终极境界。在达到这一境界之前，如果认为自己所做的一切都是禅，或者认为修不修行都没有关系，就完全错了。反之，如果你全力以赴地坚持修行，全身心地投入进去，而且心无所求，那么你所做的一切都是真正的修行。你的目标只有一个，就是坚持下去。你做事情时，只管去做，这就是你的目标。色即是空，你即是你，这样你在修行中就能体悟真正的空性了。

叩 拜

"叩拜是非常严肃的修行。即使在生命的最后一刻，你也应该准备好叩拜。纵然摆脱自私的欲望是难以做到的，但我们也要去做，因为这是我们的自性使然。"

坐禅结束后，我们要伏地叩拜九次。通过叩拜，放下自我。放下自我就是放下我们的二元思维。因此，坐禅和叩拜没有分别。叩拜通常指向值得我们尊敬的人或事物致敬。但当我们向佛叩拜时，不应该有"佛"这个概念，而应该与佛融为一体，你本身就是佛。当你与佛融为一体，与万物也融为一体，你就能体会到存在的真正含义。当你将一切二元思维抛诸脑后，万物都成了你的老师，万物都可以是你叩拜的对象。

当你的"大心"含藏万物时，所有的二元关系都会逐渐消失。天地、男女、师徒，都没有分别。有时男人会向女人叩拜，有时女人会向男人叩拜；有时徒弟会向师父叩拜，有时师父会向徒弟叩拜。如果一位师父不能向徒弟叩拜，那他就不能向佛叩拜。有时师父和徒弟会一起向佛叩拜。有时我们可能会向猫和狗叩拜。

在你的"大心"之中，一切都具有同等价值，一切都是佛。你的所见所闻在"大心"之中皆如它们原本的样子。你在修行时，应该接受一切事物的本来面目，像恭敬佛陀一样恭敬万物，这就是佛的境界。于是，佛会向佛叩拜，你会向自己叩拜，这才是真正的叩拜。

如果在修行中，你的这种"大心"不够坚固，你的叩拜也只会流于二元思维之中。如果你只是你自己，你才会从真正意义上向自己叩拜，你就会与万物融为一体。只有当你做自己的时候，你才能从真正意义上向万物叩拜。叩拜是非常严肃的修行。即使在生命的最后一刻，你也应该准备好叩拜。如果你除了叩拜便做不了其他事情，那你就叩拜吧。我们需要有这种信念。带着这种精神去叩拜，万法皆为你所有，而你将拥有"大心"中含藏的一切。

1591年，日本茶道始祖千利休在丰臣秀吉的命令下切腹自尽。在自尽之前，他说："当我手持这把利剑时，没有佛，也没有祖师。"他的言下之意是，有了"大心"这把利剑，就没有二元对立的世界，唯一有的是这种精神。这种沉着冷静的精神，总能在千利休的茶道中体现。他从不以二元对立的方式行事，他每时每刻都做好了死的准备。在一次又一次的茶道仪式中，他总是死后重生，这就是茶道的精神。我们就要这样去叩拜。

我的师父由于长期叩拜，额头上都起茧了。他知道自己是个性格倔强的人，所以他不断地叩拜。他之所以叩拜，是因为内心总能听到师父的责骂声。他三十二岁时才出家修习曹洞宗禅法，这个年纪对日本僧人来说是相当晚了。人们年轻的时候没有那么固执，要摆脱自私自利也容易一些。所以，他的师父总是称呼他"你这个新来的家伙"，责骂他这么迟才来学禅。实际上，他的师父就喜欢他倔强的性格。我的师父在七十岁时说过："我年轻的时候像一头老虎，可现在的我就像一只猫。"他很乐意自己像一只猫。

叩拜有助于消除我们那些以自我为中心的想法。要去除这些想法并不容易，而叩拜则是一种难能可贵的修行。结果并不重要,可贵的是为自我提升而努力。这种修行是永无止境的。

每一拜都代表了佛教"四弘誓愿"中的一愿。这四大愿是:"众生无边誓愿度,烦恼无尽誓愿断,法门无量誓愿学,佛道无上誓愿成。"既然佛道难成,那我们又如何成就呢?可是不管如何,我们都应当成佛!难行能行,这就是佛家思想。

"这件事能做到,那我们就去做",这并不是佛家思想。即使这件事不可能做到,我们也要去做,因为这是我们的自性使然。实际上,能否做到并不是重点。如果我们内心深处想要消除以自我为中心的想法,我们就必须去做。当我们努力践行时,内心深处的欲望就会止息,我们就身处涅槃之中了。在你下定决心去做之前,会有种种困难,但当你开始力行以后,困难都不见踪影了。你的努力满足了自己内心深处的愿望。没有别的方法可以达到内心的平静。内心平静并不是要你停止活动,真正的平静其实是在活动中体悟的。我们说:"不动求静易,动中求静难,而动中之静方为真静。"

在修行了一段时间后,你会发现,想要突飞猛进是不可能的。即使你非常用功,取得的进步也总是点点滴滴而已。修行不像去淋浴，你会知道自己什么时候会淋湿。修行倒是像在雾中，刚开始你察觉不到身上的湿气，但一直走下去，你就会感受到身上渐渐地湿了。如果你的心中想着进步，你可能会说："这步伐太慢了！"但实际不然。你在雾中湿了身是很难让自己干起来的。因此，没有必要担心进步的快慢。这就像学习外语，你不可能一蹴而就，但通过反复练习，你就能掌握它。这就是曹洞宗的修行方法。我们要么一点一滴地进步，要么不指望任何的进步。只要真诚处世，在每个当下都全力以赴，就足够了。修行之外没有涅槃。

没什么特别的

"如果你每天坚持这种简单的修行，最终就会获得某种奇妙的能力。还没达到这种境界时，你会觉得它很奇妙，但达到这种境界以后，就会觉得这没什么特别的。"

坐禅之后我不喜欢讲话，我觉得坐禅就已足够了。但如果一定要说些什么，我就想谈谈坐禅是多么奇妙的修行。我们的目的单纯是把这种修行永远坚持下去。这种修行从无始劫以来就有了，将持续到无尽的未来。严格地说，人除了这种修行，就没有别的修行；除了这种生活方式，就没有别的生活方式。禅修是我们真如本性的直接表现。

我们所做的一切无疑都是我们真如本性的表现，

但如果不进行禅修，就很难意识到这一点。活跃好动是我们人类的天性，也是一切万物的天性。只要我们活着，就总是在做一些事情。但只要你在想"我在做这件事情"或者"我要做这件事情"，又或者"我要达成某个特别的目标"，你实际上什么也没做。当你放下了，不再想要得到某个东西，也不再刻意去做任何特别的事情时，你才是真正在做事情；当你做事情不求任何收获时，你才是真正在做事情。坐禅并不为任何目的而坐。你可能会觉得自己似乎在做一件特别的事，但实际上那只是你真如本性的表现，它能止息你内心深处的欲望。只要你认为坐禅是为了某个目的，这样的修行就不是真正的修行。

如果你每天都坚持这种简单的修行，最终就会获得某种奇妙的能力。还没达到这种境界时，你会觉得它很奇妙，但达到这种境界以后，你就会觉得这没什么特别的。那只是你的自性流露而已，没什么特别的。正如中国的一首诗所说的："庐山烟雨浙江潮，未至千般恨不消。到得还来别无事，庐山烟雨浙江潮。"人们觉得，去观赏烟雨迷蒙的庐山和宏伟壮观的钱塘潮水，一定是件很美好的事情；但当你去到那里，你会发现，山不外乎是山，水也不外乎是水，没什么特别的。

对于没开悟的人而言，开悟是一种不可思议而又令人赞叹的境界。但一旦他们开悟了，就会觉得这没有什么。但开悟可不是"没有什么"。你明白我的意思吗？对一位有孩子的母亲来说，有孩子没什么特别的。坐禅就是如此。所以，如果你坚持修习下去，渐渐就会达到某种境界，虽说没什么特别，但却是了不起的成就。你可以称之为"法性""佛性"或者"开悟"，对此有许多不同的别称，可是对于已经达到这种境界的人来说，这没有什么，但同时也是了不起的。

当我们表现出自己的本性时，我们就是人；当我们没有表现出来时，我们就不知道自己是什么了。我们不是动物，因为我们用两条腿走路。我们有别于动物，但我们又是什么呢？我们可能是魂灵；我们不知道自己该叫作什么。这样的生物实际上并不存在，它只是个妄想。我们不再是人了，但我们确实存在。当禅不是禅了，那一切都不存在了。从理性的角度来说，我的这番话是不合情理的，但如果你有体验过真正的修行，你就能明白我的意思。一切众生都有自己的真如本性，即佛性。佛在《大般涅槃经》中说道："一切众生皆有佛性。"但道元禅师将其解读为"一切众生皆是佛性",这就有所区别了。你说"一切众生皆有佛性",这是指佛性存在于一切众生之中,因此佛性和众生是不同的事物;但你说"一切众生皆是佛性",这就意味着众生自身就是佛性。如果没有佛性,那一切都不存在了。认为在佛性以外还有别的东西存在,只是一种妄想。它可能在你的脑海里,但实际上是不存在的。

所以,做人就是做佛,佛性只是人性或人的真如本性的另一个说法。因此,即使你什么也不做,你其实也在做某件事情,你在展现自我,展现自己的真如本性。你的眼睛会表达,你的声音会表达,你的举止也会表达。以最简单而最充分的方式去表现自己的真如本性,并在细微处体会它,这才是最重要的。

当你日复一日、年复一年地坚持修行,你的体验就会不断加深,你的体验会包含你日常生活中所做的一切。最重要的一点就是要把那颗"有所求"的心和二元思维通通忘掉。换句话说,你只需以特定的姿势去坐禅,不要想任何东西。只管坐在坐垫上,对万事万物不抱有一丝期待。那么,你最终会恢复自己的真如本性,也就是说,你的真如本性会恢复其本来面目。

第二部分
正确的修行态度

"我们要强调一点，那就是要对我们的本性有坚定的信心。"

一心专注之道

"即使太阳从西边升起，菩萨也只有一条道。"

我讲话的目的并不是要给诸位传授知识，而只是想表达我自己对禅修的理解。能与诸位一起坐禅真是很不寻常。当然，我们所做的一切都不寻常，因为我们能得人身本就是一件不寻常的事。佛说："得人身者，如爪上土。"要知道，人身稀有难得，就像指甲上所沾的尘土，少之又少。人身又是美好的。我打坐时，就想永远地坐下去，但我勉励自己去做些别的功课，例如诵经或者叩拜。我叩拜的时候会想："这真是妙极了！"可叩拜完，我还要去诵经。所以，我讲话的目的就是要表达我的理解，仅此而已。我们的修行之道并不是要通过打坐去获

得什么，而是要表露自己的真如本性，这才是我们修行的
目的。

如果你想要展现自我，展现出你的真如本性，就应
该用自然而适当的展现方式。就连坐禅前后，你坐下或
起立时身体的左右晃动也是你自己的一种表现。那不是
坐禅前的准备，也不是禅坐后的放松，而是你修行的一
部分。因此，我们不要把它看作在为其他事情做准备，这
在你的日常生活中也是同样的道理。在道元禅师看来，
做饭或者弄点吃的，并不是在做准备，而是在修行。做
饭不只是在为别人或自己准备食物，那是在展现你的真
诚。所以，你做饭的时候，就要在厨房里展现自己。你要
给自己充足的时间，做饭的时候头脑中不要有任何的念
头，也不要有任何的期待。你只管做饭就好了！这是在展
现我们的真诚，同时也是我们修行的一部分。这样去坐
禅是必要的，但它并不是唯一的修行方式。无论做什么，
都体现了我们内心深处的同一种活动。我们要明白自己
在做什么，我们并不是为别的事情做准备。

菩萨道即是"一心专注之道"，也可以叫作"千米长
的铁轨"。铁轨总是不变的，如果它突然变宽了或者变窄
了，那就会带来灾难。无论你到哪里，铁轨始终是不变

的。这就是菩萨道。因此，即使太阳从西边升起，菩萨也只有一条道。菩萨道就是每时每刻都展现自己的本性和真诚。

我们以"铁轨"为喻，但实际上并没有什么铁轨。真诚本身就是铁轨。我们从车窗外看到的风景会改变，但我们却始终奔驰在同一条轨道上。铁轨没有起点，也没有终点，这是一条无始无终的铁轨。没有出发点，没有目标，没有要到达的远方。不停地奔驰在这条轨道上就是我们的修行之道。这就是禅修的本质。

但当你对铁轨本身产生好奇时，就容易发生危险。你不要去看这条铁轨。如果你看着铁轨，就会感到头晕。你只要欣赏车窗外的风景就好了，这就是禅道。火车上的乘客无须对铁轨感到好奇，总有人会照管好铁轨的，佛会把它照管好的。但有时我们还是要对铁轨做个说明，因为如果某个东西总是不变时，我们就会产生好奇。我们会疑惑："菩萨为何能始终如一呢？秘诀是什么呢？"但其实并没有什么秘诀，每个人的本性都是相同的，正如铁轨一样。

《碧岩录》记载了一则公案，长庆、保福二人是好朋友，他们在谈论菩萨道的时候，长庆说："宁说阿罗汉有三毒，不说如来有二种语。不道如来无语，只是无二种语。"
保福说："即便如此，你的说法也不圆满。"长庆问道：
"那你如何理解如来语？"保福说："我们讨论够了，一起
喝茶去吧！"保福并没有回答好友的问题，因为佛道是无
法用语言来阐释清楚的。尽管如此，这两位朋友还是把菩
萨道的讨论作为修行的一部分，即使他们也没指望能想
出新的诠释。所以，保福才会回答说："我们的讨论到此
结束，一起喝茶去吧！"

　　这个回答很妙，对吧？我的讲话也是如此——当我
讲完话了，诸位也听完了。没有必要记住我说的话，也没
有必要费心思去理解我说的话。你是懂的，你的内心完
全理解，什么问题也没有。

不断重复

"如果你失去了不断重复的毅力，你的修行就
会变得相当困难。"

佛陀在世的时候，印度人认为：人是由精神和物质
组成的整体。他们的思想和修行都是基于这种观点的。
他们认为，人的物质层面影响着精神层面，所以他们的
修行旨在减弱物质层面，从而使精神层面获得解脱和强
化。因此，佛陀在印度看到的修行强调苦行。但佛陀在修
苦行时发现，要想从肉体上净化自己是没有尽头的，这使
得修行变成一种空想。这种与肉体的斗争只有在死亡时
才得以结束。可是，根据印度的这种思想，我们会不断轮
回转生，一直重复着这种斗争，永远也无法真正地开悟。
即使你认为自己可以使身体足够衰弱，从而释放出精神

的力量,但只有你坚持修习苦行才能办到。如果你回归到日常的生活中,你就只能增强体质,但这样的话,你就要再次使肉体衰弱,才能重新获得精神的力量。如此一来,你就要不停地重复这个过程。对于佛陀时代印度人的修行方式,我可能说得过于简单,我们可能会取笑这种方式,但实际上,时至今日依然有人坚持修苦行。有时,他们甚至没有意识到,苦行的观念可能深植于他们的意识之中。但这样修行是不会有进步的。

佛陀的修行方法很不一样。他首先学习了当时当地的印度修行方法,然后开始修苦行。但佛陀对组成人的元素以及存在的形而上学理论并不感兴趣,他更关心的是自己如何活在当下,这才是他的修行目的。面包是用面粉做的,对佛陀来说,面粉放进烤箱之后是怎么变成面包的才是最重要的事。他最感兴趣的是:我们要如何开悟?对所有人来说,开悟者具有完美无暇、令人向往的品质。佛陀想知道人要如何修得这种完美的品质,古圣先贤是如何成为圣贤的。为了弄明白面团是如何变成风味极佳的面包的,他反复不断地去实践,直到最终获得成功,这就是他的修行方法。

可是,每天重复做同样的事情,我们可能会提不起兴趣。你也许会说："这太乏味了。"如果你失去了不断重复的毅力，你的修行就会变得相当困难；但如果你意志坚定、充满活力，你在修行上就不会有什么难题。不管怎样，我们都不能一直静止不动，我们总要做些事情。因此，你做事情时就要非常善于观察、小心谨慎并保持警觉。我们的方法就是要把面团放进烤箱，然后细心观察。一旦你明白了面团是如何变成面包的，你就会明白什么是开悟。因此，我们最感兴趣的就是这个肉身是如何变成圣贤的。我们不太关心面粉是什么，面团是什么，圣贤又是什么。圣贤就是圣贤。对人性的种种形而上学的解释都不是重点。

因此，我们强调的这种修行不能太理想主义。如果一个艺术家太理想主义了，难免会选择自杀，因为在他的理想和实际能力之间有道鸿沟。由于没有足够长的桥梁可以跨越这道鸿沟，他就会开始绝望。这就是常人的思想境界。但我们禅道的思想境界并不那么理想主义。在某种意义上，我们应该理想主义一点，起码要有兴趣做出色香味美的面包！真正的修行就是不断重复，直到你懂得怎么把自己变成面包。禅道没有秘诀，只管坐禅，把自己放进烤箱里，仅此而已。

禅与兴奋

"禅不是某种令人兴奋之事，而是专注于我们的日常事务。"

我的师父在我三十岁时圆寂。尽管我希望自己可以在永平寺全身心地投入禅修，但我不得不继承师父的衣钵。我变得忙忙碌碌，而由于年纪尚轻，我常常遇到许多难题。这些难题使我增长了经验，但与真正的清修生活相比，这些都是无关紧要的。

我们必须坚持日常的修行。禅不是某种令人兴奋之事，而是专注于我们的日常事务。如果你太忙碌、太兴奋，你的心就会变得起伏不定，这不是好事。尽量使自己保持平静喜悦，远离兴奋。我们通常一天比一天忙，一年比一年忙，在现代社会更是如此。当我们故地重游时，就会惊讶于其变化之大。这种情绪是难以抑制的，但如果我们对令人兴奋之事和自己的变化产生兴趣，我们就会全然沉浸于忙碌的生活之中，迷失自我。但如果我们的内心总是平静祥和、如如不动，即使身处闹市，也能远离喧扰。在喧嚣和变迁之中，我们的内心依然清静安定。

禅不是某种让你兴奋的东西。有的人修禅仅仅是出于好奇，他只会使自己变得更忙。如果修行使自己变得更糟，那就太荒谬了。我想，诸位要是每周坐禅一次，就够你们忙的了。不要对禅产生太浓厚的兴趣。如果年轻人对禅太狂热，他们往往会放弃学业，跑到深山老林中去打坐。这样的兴趣不是真正的兴趣。

只需坚持平常宁静的修行，便能修身养性。如果你的内心总是忙忙碌碌，就没有时间去修炼心性，你就无法取得成就，尤其是当你过于用功，更是如此。修炼心性就像做面包一样，你要一点一点、一步一步地和面，还要温度适中。你其实很了解自己，也知道自己所需的温度，你很清楚自己需要什么。但如果你过于兴奋，就会忘了什么温度才适合自己，你就会迷失方向。这是非常危险的。

佛陀曾讲过类似的道理，那是关于好的牛车夫的故事。车夫知道牛能运载多重的物品, 绝不会让牛超负荷工作。你清楚自己的情况和心态, 可不要让自己负担过重了! 佛陀还说, 修炼心性就像修筑水坝, 要非常小心地筑堤。如果想一蹴而就, 堤坝就会渗水。小心翼翼地修建堤岸, 你最终就会建成上好的水库大坝。

我们这种平淡的修行方式可能显得很消极, 但事实并非如此。这是提升自我的一种高明而有效的方法, 只是这种方法非常简单朴实。可我发现人们很难理解这一点, 尤其是年轻人。另外, 我所谈论的似乎是渐悟的法门, 但其实不然。事实上, 这是顿悟之法, 因为如果你的修行是平静而寻常的, 那么日常生活本身就是开悟。

正确地用功

"你可能会因为自己修得好而感到骄傲。你固
然修得不错,但夹杂了一样东西,那就是骄傲。正确
的用功就是摆脱那些多余的东西。"

禅修中最重要的一点就是要下对功夫。我们必须在
正确的方向上下对功夫。如果功夫用在错误的方向上,
自己还不知道,那功夫就白费了。而且,我们修行用功的
目标应该从"取得成就"转向"不求成就"。

我们做事情的时候通常都想做出成果。而从"取得成
就"转向"不求成就",就是要摆脱不必要的努力以及不
好的结果。如果你怀着"不求成就"的心态去做事,这当
中就有一种很好的品质。因此,不费多余的功夫去做事情
就已经足够了。如果你下特别的功夫去做成某件事,多余

的元素就会掺杂其中。我们要除去那些多余的东西。你可能会因为自己修得好而感到骄傲，但自己却没有察觉。你固然修得不错，但夹杂了一样东西，这种骄傲是多余的，所以你应该摆脱那些多余的东西。这一点非常非常重要，但我们通常因为不够敏锐而没有察觉出来，于是走错了方向。

因为所有人都在做同样的事，犯同样的错，所以我们没有意识到这一点。正因如此，我们会犯许多的错。而且，我们自己也造成了许多问题。这种错误的努力就是"法执"。你陷入了"要么修行，要么成就"的思维中，无法自拔。当你陷入了二元思维中，你的修行就不清净了。所谓"清净"，并不是要把某个东西擦亮，把不清净的东西变得清净，而是指事物的本来面目。如果夹杂了某种东西，就不清净了。当某种东西变成二元对立的，那就不清净了。假如你认为自己会从禅修中得到些什么，你的修行就不清净了。"修行能使人开悟"，这种说法没有问题，但是我们不要执着于这种说法，不应该使自心受其污染。坐禅时就单纯坐禅。如果开悟了，就顺其自然。我们不应该执着于自己的成就。真实的坐禅功夫就在那儿，尽管你没有意识到。因此，别去想自己能从坐禅中得到什么，只管打坐就好，坐禅的功夫自会表现出来，这样你才会真正有所成就。

人们常问：不要带着"有所求"的心去坐禅是什么意思？这种修行要如何下功夫？答案是：努力从修行中去除额外掺杂的东西。当多余的念头来了，你要止住这些念头，使自己保持清净无染的修行。这才是我们用功的方向。

禅宗有一则关于"听只手之声"的公案。我们通常认为，双手击掌才会发出声音，单手击掌根本不会发出声音。但实际上，一只手也能发出声音。即使你听不见，但还是有声音的。双手击掌，你就能听见声音；但如果在你拍手之前声音并不存在，你就不可能发出声音。在你发出声音之前，声音就已经存在了。正因为有声音存在，你才能发出声响，才能听见声音。声音无处不在。假如你去实践一下，你会发现是有声音的。不要刻意去听，你不去听时，声音无处不在；你刻意去听时，声音时有时无。诸位明白了吗？即使你什么也不做，坐禅的功夫也一直在你身上。但如果你试图把它找出来，想要去看看这种功夫，你是找不到的。

你是以人的形体活在这个世界上的，但在你拥有人身之前，你就已经存在了，你一直都在。我们一直都在，诸位明白吗？你以为自己在出生以前是不存在的，但如果你不存在，你又怎么可能出现在这个世界上呢？正因为你存在，才能出现在这个世上。同样，某个东西如果不存在，它是不可能消失的。正因为它存在，它才能消失。你可能会认为，自己死了就会消失，不复存在。但即使你消失了，本有的东西不可能不存在。这很神奇。我们自己不能对这个世界施加任何魔法，这个世界有它自己的魔法。当我们看着某个东西时，它可以从我们的视线中消失，但如果我们不去看它，那个东西就不会消失。因为我们正看着它，它可以消失；但如果没人在看它，那东西又怎么可能消失呢？如果有人看着你，你可以躲开他；但如果没有人在看你，你是不能躲开自己的吧。

所以，不要刻意去看某个东西，也不要刻意去取得某种特别的成就。你的清净自性之中已无所不有。如果你能明白这个终极的真相，就会无所畏惧。当然，我们可能会遇到困难，但我们心中没有恐惧。如果人们遇到难题时没有意识到那是个难题，这才是真正的难题。他们可能会显得很自信，可能会认为自己正朝着正确的方向做出巨大的努力，可是他们所做的一切都是出于恐惧，自己却不知道。对他们来说，某些东西可能会消失，但如果努力的方向是正确的，就不用担心失去任何东西。即使方向错了，只要你意识到这一点，就不会迷惑了。其实没有什么东西可失去的。在正确的修行中，你只有一颗永恒不变的清净心。

不留痕迹

"做事情的时候，应该像篝火一样把自己烧尽，不留一丝痕迹。"

我们坐禅时，内心是平静且十分单纯的。可平时，我们的内心非常忙碌且复杂，很难集中精力做自己正在做的事情。这是因为我们做事之前必先思考，而这种思考会留下痕迹。我们的行为活动受到某些先入为主的想法影响，这种想法不仅留下了痕迹或者阴影，还让我们对其他活动和事物有了许多看法。这些痕迹和观念使我们的思维变得非常复杂。当我们以非常简单、清晰的思维去做事情时，就不会产生任何观念或阴影，我们的行动就会坚定有力、直截了当。但当我们带着复杂的心思去做事情时，脑海里想着其他人、事、物或者社会，我们的行动就会变得十分复杂。

　　大多数人做一件事情时会有两三个想法。俗话说："一石二鸟。"这正是人们通常想要做的事情。由于他们想抓住太多鸟了，所以很难专注于一件事情，最终可能一只鸟也抓不到！那样的想法总会在他们所做的事情上留下阴影。这个阴影其实不是思考本身。当然，我们行动之前往往需要思考或者做好准备，但正确的思考不会留下任何阴影。会留下痕迹的思考来自你那颗相对的、迷惑的心。相对的心是指将自己与其他事物作对比，这样一来就会使自己受到限制。正是这颗"小心"使你产生"有所求"的想法，并留下了自己的痕迹。

　　如果你在思考事情的时候留下了痕迹，你就会执着于这个痕迹。比如，你可能会说："这是我做的！"但其实并非如此。你在回忆时可能会说："我以某种方式做过某件事情。"可实际情况并非如此。当你这么想的时候，你就限制了自己做这件事的真实体验。因此，如果你执着于自己做过的事情，你就会陷入自私的想法之中。

　　我们常常会以为自己做了好事，但事实可能并非如此。人老了以后常常会为自己做过的事情感到骄傲。当一个人自豪地诉说着自己做过的事情，别人听了会觉得好笑,因为他们知道这个人的回忆是片面的,也知道他所说的跟他所做的并不完全一致。而且,他这种骄傲的心理会给他带来麻烦。越是这样反复地诉说自己的往事,他的人格就会越来越扭曲,最终会变成一个令人讨厌的固执老头。这就是一个人留下思考痕迹的例子。我们不应该忘记自己做过的事情,但不要在脑海中留下一丝多余的痕迹。留下痕迹与记忆往事是不一样的。我们有必要记住自己做过的事情,但不应该执着于这些事情。所谓的"执着",就是我们在思考和行动时留下来的痕迹。

想要不留下任何痕迹,我们做事情时就要全身心地投入进去,专注于自己正在做的事情。你应该彻底地把事情做好,就像熊熊燃烧的篝火一样,而不是一团冒着烟雾的火。你要把自己彻底烧尽,否则你做的事情就会留下自己的痕迹。禅修就是一种完全烧尽的活动,除了灰烬,什么也不留下,这就是我们修行的目标,也正是道元禅师所说的"灰烬不会变回木柴"的含义。灰烬就是灰烬,灰烬应该完全是灰烬,而木柴就应该是木柴。当进行这种活动的时候,一切都包含在其中。

因此,禅修不是一两个小时的事,也不是一天或者一年的事。如果你全身心地投入坐禅之中，即使只坐一会儿，那也是坐禅。所以，你应该每时每刻都投入你的修行之中。做完一件事情之后不要留下任何痕迹，但这并不是要你忘记这一切。如果你明白了这一点，所有二元对立的想法和人生的烦恼都会烟消云散。

禅修时，你便与禅合而为一了。既没有你，也没有坐禅这回事。叩拜时，既没有佛，也没有你，只有完完全全的叩拜而已，这就是涅槃的境界。当佛陀将禅法传给大迦叶尊者时，他只是拈起一朵花，众人之中唯有大迦叶尊者微微一笑，只有他懂得佛陀的意思。虽然我们不知道历史上是不是真的发生过这件事，但这则故事意味深长，它展示了禅宗以心传心的传统。能包含一切的活动才是真正的活动，而这种活动的秘诀是佛陀传给我们的，那就是禅修，而不是佛陀开示的教理，也不是他定下的戒律。佛陀的教理和戒律会因地、因人而有所改变，但这种修行的秘诀是不会改变的，它永远适用。

所以，在这个世间，我们没有别的生活方式。在我看来，确实如此。禅修易使人接受，容易理解，也容易修习。如果你拿禅修生活与世间的种种事情相比，你就会发现佛陀留给我们的真理是多么宝贵。这些真理其实非常简单，而且修行起来也非常简单。尽管如此，我们不应该忽视这些真理，而应该让人们知晓它们宝贵的价值。通常来说，如果一个道理很简单的话，我们就会说："噢！这个我知道！这很简单，人人都知道。"但如果我们没有发现其价值，它就毫无意义，那么就跟不知道没有两样。你们对文化了解得越多，就越能明白这种教导是多么真实、多么必要。与其批评自己的文化，你们应该全身心地践行这种简单之道，这样社会和身边的文化就会从你们身上得到发展和提升。太执着于自身文化的人可能会对自己的文化持批判的态度，这没有关系。他们的批判态度意味着他们将重新回到佛陀留下的简单真理上来。但我们的禅法仅仅是专注于一种简单的基本修行，以及一种对人生的简单基本认识。我们的活动不应该留下任何痕迹，我们也不应该执着于一些繁复的想法或者美好的事物。我们不用去追求美好之事；真理总是近在咫尺，触手可及。

上帝的馈赠

"'布施即是无执',这句话的意思是:不执着于任何东西就是布施。"

自然界的一切万物、人类社会的芸芸众生,以及我们所创造的一切文化作品,都是上天给我们的馈赠。但由于万物最初都是一体的,我们实际上是将一切给出去。我们每时每刻都在创造,这是我们人生的乐趣。但这个总在创造和给予的"我"并不是"小我",而是"大我"。尽管你没有意识到这个"大我"与万物是一体的,但当你布施出去的时候,你会感到快乐,因为在那一刻,你感受到自己与布施出去的东西已融为一体。这就是施比受更令人快乐的原因。

佛教中有个词叫"布施波罗蜜"。"波罗蜜"的意思是"到彼岸"。我们的人生可以看作从此岸到彼岸的一个过程。我们人生努力的目标就是要到达彼岸，即涅槃。从此岸一步一步地渡到彼岸去就是真正的解脱之道。渡到彼岸去的方法有六种，而"布施波罗蜜"就是第一种；第二种是"持戒波罗蜜"，即遵守佛陀的戒律；第三种是"忍辱波罗蜜"，即忍耐；第四种是"精进波罗蜜"，即对修行充满热情且不断努力；第五种是"禅定波罗蜜"，即禅修；第六种是"智慧波罗蜜"，即人生的真实智慧。实际上，这六种"波罗蜜"是一体的，但由于我们可以从不同的侧面去观察人生，所以我们数出六种。

道元禅师曾说："布施即是无执。"这句话的意思是：不执着于任何东西就是布施。布施出去的是什么东西并不重要。无论是布施一分钱，还是布施一片树叶，都是"布施波罗蜜"；布施一句教诲，甚至一个字，都是"布施波罗蜜"。假如你以不执着的心态去布施，那么物质上的布施和言语上的布施具有同等价值。当我们怀着正确的心态去布施时，我们所做的一切、所创造的一切都是"布施波罗蜜"。所以，道元禅师说："从事生产、参与人类活动，这些也是'布施波罗蜜'。为人们提供渡船或者为人们造桥，也都是'布施波罗蜜'。"实际上，给别人一句教诲有时就相当于为他人提供渡船！

　　根据基督教教义，自然界的万物都是上帝为我们而创造的或是给我们的馈赠。这很好地体现了"布施"这一观念。但如果你认为上帝创造了人类，而你和上帝是分离的，你就很容易会认为自己有能力创造出一些东西，而不是由上帝馈赠的。例如，我们造出了飞机和公路。当我们反复地说"我创造……我创造……我创造……"，我们很快就忘了这个创造出各种各样东西的"我"到底是谁，我们很快就忘记了上帝。这就是人类文明的危险之处。实际上，以"大我"的心态去创造，就是布施。我们是不能创造并拥有为我们自己所造的东西的，因为一切万物都是上帝创造的，不要忘记这一点。但正是因为我们忘记了"是谁在创造"以及"为何而创造"，我们就会执着于物质价值或交换价值。与上帝所创造的东西本身具有的绝对价值相比，这些都毫无价值可言。尽管某个东西对"小我"来说没有任何物质价值或相对价值，但它自身却具有绝对价值。不执着于某个东西，就是要意识到其绝对价值。你做的一切事情都应该基于这种觉知，而不应该基于物质的或者以自我为中心的价值观念。这样一来，你所做的一切就是真正的布施，即"布施波罗蜜"。

　　当我们以双腿盘坐的姿势打坐时，我们就重新开始基本的创造活动。创造活动可分为三种：第一种，坐禅结束后我们意识到了自己。我们打坐时什么也不是，我们甚至意识不到自己是什么，只是单纯地坐着。但站起来的时候，我们就意识到自己的存在了！这就是创造的第一步。当你意识到自己的存在，一切都出现了，万物在一瞬间就被创造出来了。当我们和万物从无到有地出现了，我们可以把自己和万物看作新创造出来的东西，这就是无执。第二种创造是发生在你做事情、生产制造或者准备某些东西（像食物或茶）的时候。第三种就是自己内心所创造的东西，像教育、文化、艺术或社会制度。因此，我们有三种创造。但如果你忘了第一种，也是最重要的一种，另两种就会像失去父母的孩子一样，而且后两种所创造出来的东西将毫无意义。

通常，所有人都会忘了坐禅，所有人都会忘了上帝。他们只是非常努力地进行第二种和第三种创造，但上帝不会帮他们的忙。如果上帝没有意识到自己是谁，他又怎么可能去帮忙呢？这就是为什么我们这个世界上会有如此多的问题。当我们忘了创造的本源时，我们就像失去父母的孩子一样不知所措。

如果理解了"布施波罗蜜"，你就会明白我们为什么会给自己制造这么多的问题。诚然，活着就是制造问题。假如我们没有出现在这个世界上，父母就不会为我们而烦恼！正是我们出现了，才给他们制造出种种麻烦。这没关系，所有东西都会带来一些麻烦。但人们通常认为，当自己死了，一切就结束了，种种问题就会消失。但其实你的死也会产生种种问题！实际上，我们的问题应该在这一生中解决。但如果我们能意识到自己做的一切或创造的一切都是"大我"的馈赠，我们就不会执着这些东西了，我们也不会给自己和他人制造出种种麻烦。

　　我们每天都应该忘掉自己所做的事情，这才是真正的无执。我们应该做些新鲜的事情。要做新鲜的事情，我们当然要先知道自己的过去，但我们不要对自己做过的事情紧抓着不放，我们只要去反思就行了。此外，我们还必须知道自己未来应该要做什么。但未来是未来，过去是过去，我们现在应该做些新鲜的事。这才是我们应有的态度，才是我们活在这个世上应有的模样。这就是"布施波罗蜜"，去给予或者去创造。因此，认真地做一件事，就是恢复我们真正的创造活动。这就是我们要打坐的原因。只要我们没有忘记这一点，一切都会井井有条；可一旦我们忘了这一点，世界就会乱成一团。

修行中的错误

"如果修行时太贪心了，你就会感到灰心丧气。所以，当修行中出现了警告信号，暴露出自己的弱点时，你应该心存感激。"

诸位应该了解几种不当的修行方式。通常，你坐禅时会变得非常理想化，你会设定一个理想或目标，并努力去实现它。但正如我常说的，这么做是荒谬的。如果你是个理想主义者，你的内心就会有所追求；当你达成理想或目标时，你那颗有所求的心就会树立另一个理想。所以，只要你的修行是基于一颗有所求的心，并以理想主义的方式来坐禅，你实际上就没有时间去实现你的理想。而且，你会牺牲掉修行的重点。因为你的成就总是在前方，你会一直牺牲现在的自己，去追求未来的理想，最终一事无成。这是荒谬的，根本不符合修行之道。但比这种理想主义的态度更糟的是与别人比试坐禅，这是一种低劣的修行方式。

我们曹洞宗强调"只管打坐"。实际上，我们对这种修行没有起特别的名字，坐禅时就单纯坐禅，无论自己是否感觉到禅悦，我们都只是在坐禅。即使我们困了，厌倦了坐禅，也厌倦了每天重复做同一件事，我们还是要继续修行。不管有没有人鼓励我们坚持练下去，我们都要继续修行。

即使你自己一个人坐禅，没有师父带领，你总会找到方法去判断自己的修行是否正确。当你对打坐生起了厌倦或者讨厌的情绪时，你要知道这是一个警告信号。如果你以理想主义的心态去修行，你就会对修行感到气馁。修行中起了得失心，修行就不够清净。如果修行时太贪心了，你就会感到灰心丧气。所以，当修行中出现了警告信号，暴露出自己的弱点时，你应该心存感激。这时，你要抛开所有的错误，然后从头再来，你就能重拾最初的坐禅状态，这是非常重要的一点。

只要你能坚持修行，就不会出差错，但要继续坐下去是非常困难的，你一定要找方法去激励自己。既要激励自己，而又不陷入低劣的坐禅方式中，单凭自己的力量继续保持清净的修行可能会相当困难。这就是为什么我们修行时需要有一位师父。有了师父的指点，你就能纠正自己修行中的错误。当然，你和他在一起并不会好过，可即便如此，你再也不用担心自己会误入歧途。

大多数禅宗的僧人与他们的师父在一起时都不太好过。当他们谈及那些苦处时，你可能会认为，没有吃过这种苦，就不算是坐禅，但其实并非如此。无论你在修行中是否遇到困难，只要你继续坚持下去，那么你的修行就是真正清净的修行。即使你自己没有注意到这一点，你其实已经做到了。所以，道元禅师说："不要以为你一定会知道自己开悟了。"不管你自己知不知道，你在修行中都已经达到了真正的开悟境界。

另一种错误就是为了得到喜悦而去修行。实际上，当你在修行时陷入一种喜悦的感受之中，也是一种不太好的修行状态。当然，这并不是说你修得不好，但与真正的修行相比，这种情况并不是那么好。在小乘佛教中，修行可分为四种。最好的一种就是修行时没有任何喜悦（包括精神上的喜悦）掺杂其中。这种方法就是只管打坐，修行时忘记自己身体上和精神上的感受，彻底把自己忘了，这就是第四种境界，也是修行的最高境界。次一等的是修行时仅有身体上的畅快，你从修行中找到一种快乐，并会为了这种快乐而去修行。再次一等境界中，你会感受到身心愉悦。对于中间的这两种境界，你坐禅是因为你在修行时感觉很好。最低的境界就是你在修行时没有杂念和好奇心。这四种境界也适用于我们大乘佛教的修行，而最高的境界就是只管修行。如果你在修行中遇到一些困难，那就是在提示你有一些错误的想法，所以你要小心注意。但不要放弃自己的修行，要知道自己的弱点并继续坚持下去。在这个过程中，不要带有任何有所求的心，也不要执着于开悟。你别去想"这就是开悟"或者"这是不正确的修行"。即使修得不对，但只要你意识到了问题所在，并继续练下去，自然就会变成正确的修行。我们的修行不可能是完美的，但我们不要因此而泄气，应该继续练下去。这就是修行的秘诀。如果你想在沮丧时得到鼓励，那么厌倦修行本身就是一种鼓励，因为当你厌倦修行时，你会给自己打气。当你不想修行时，那就是一个警告信号。这就像你的牙齿不太好的时候会牙疼一样。感觉牙疼时，你就去看牙医。我们的禅道也是这个道理。

　　冲突的根源都在于一些固有的观念或片面的想法。

如果所有人都能明白清净修行的价值，我们的世界就没有什么冲突了，这就是我们修行的秘诀，也是道元禅师的修行之道。道元禅师在《正法眼藏》一书中反复强调这一点。

如果你明白冲突的根源就是某些固有和片面的思想，你就能从不同的修行方式中体会其意义而不受其束缚。如果你不知道这一点，就很容易陷入某种特定的方法中，你会说："这就是开悟！这就是圆满的修行，这就是禅道，其余的方式都不够圆满。"这就大错特错了。真正的修行是没有特定方法的，你要找到适合自己的方法，而且要清楚自己现在用的是什么方法。知道了某种修行方式的优缺点后，你在修行时就不会有危险了。但如果你带着片面的思想态度去看待某种修行方式，就会忽视其缺点，只强调其优点。等到你最终发现其最糟糕的一面时，就为时已晚了，你会变得心灰意冷，这样就太愚蠢了。我们应该感恩祖师大德为我们指出这种错误。

限制自己的活动

"通常，当一个人信仰某种宗教时，其态度就像
一个越来越尖锐且背向自己的尖角。而我们的禅道
却总是把那个尖角对着自己。"

我们的修行没有特定的目的或目标，也没有任何特
别崇拜的对象。从这个方面来说，我们的修行与常规的
宗教修行有所不同。中国著名的赵州禅师曾开示说："金
佛不度炉，木佛不度火，泥佛不度水。"假如你的修行是
朝着某个特定的目标，不管是金佛、木佛还是泥佛，都
不一定管用。只要你在修行时有某个特定的目标，这样
的修行就无法完全帮到你。当你朝着这个目标努力时，
也许会对你有所帮助；但当你回到日常生活中，那就不管
用了。

你可能会认为，如果修行时没有目的或者目标，我

们就不知道要做什么了，但其实是有方法的。要想不带着目标去修行，方法就是限制自己的活动，专注于你当下所做的事。你不应该想着某个特定的目标，而应该限制自己的活动。当思绪四处游荡时，你就没有机会表现自己。但如果你将自己的活动限制在你此刻所做的事情上，你就能充分地展现自己的真如本性，也就是众生皆有的佛性。这就是我们的方法。

我们坐禅时，把活动限制到最少的程度，只管保持正确的姿势，专注于打坐，这就是我们表现真如本性的方式，这样我们就成为佛，表现出佛性。因此，我们不需要崇拜什么对象，而需专注于自己每时每刻所做的事情。叩拜时只管叩拜，打坐时只管打坐，吃饭时只管吃饭。如果你是这么做的，法性就在其中。这在日语中叫作"一行三昧"，"三昧"就是专注，"一行"就是一种行为。

我想，在这里坐禅的诸位之中可能有人会信仰其他的宗教，但我不介意。我们的修行与某种特定的宗教信仰无关。你们对禅修无须顾虑，因为它与基督教、神道教或印度教一概无关。坐禅是任何人都可以修学的。通常，当一个人信仰某种宗教时，其态度就像一个越来越尖锐且背向自己的尖角。而在禅道中，我们总是把那个尖角对着自己。因此，没有必要担心佛教与你所信仰的宗教之间有所差别。

　　赵州禅师有关三种佛的开示，其实是针对那些把某尊佛当成修行目标的人而说的。某一尊佛是无法完全满足你的需要的，因为你有时需要把它抛到一边，或者暂时忽略它。但如果你明白了我们修行的秘诀，不管你去到哪里，你都是自己的"领导"。无论在什么情况下，你都不能忽视了佛，因为你自己就是佛，只有这尊佛能完全帮助你。

研究自己

"对佛法感触很深并不是重点，我们只需做自
己该做的事，比如吃饭、睡觉。这才是佛法。"

学习佛法的目的并不是要研究佛法，而是要研究我
们自己。没有师父的教导而想要研究自己，这是不可能
的。如果想要知道水是什么，你就需要学习科学，而科学
家则需要有实验室，因为在实验室中有各种各样的方法
可以研究水是什么，这样就能知道水由哪些元素组成、
水有哪些不同的形态以及水的本质是什么。可是，我们
无法从水自身之中去了解水。这个道理对我们来说也同
样适用。我们需要师父的教导，但单纯靠这样的学习是
不可能知道在自己这个躯体里的"我"究竟是什么。我们
可以通过师父的教导去了解人性。但这些教导不是我们

自己，而是关于我们自己的一些解释。因此，如果你执着师父的教导，或者执着某个师父，那就大错特错了。你遇见一位师父后，就应该离开这位师父，你要独立。你需要一位师父来使自己变得独立。如果你不执着这位师父，他就会指引你找到自我。你求师问道是为了寻找自我，而不是为了这位师父。

中国的临济义玄禅师将教授弟子的方法分为四种。他有时会谈论弟子本身，有时会谈论禅理本身，有时会对弟子或禅理进行解释，有时则根本不给予弟子任何教导。他知道，就算没有受到任何教导，弟子仍然是弟子。严格地说，师父没有必要去教导弟子，因为弟子本身就是佛，尽管他自己没有意识到这一点。即使他意识到了自己就是佛，但如果他执着这一点，那就已经错了。没有意识到这一点时，他无所不有；但当他意识到这一点以后，他执着于佛是自己，这就大错特错了。

如果没有从老师那里听到任何教导而只是打坐，这就叫"不教之教"。但有时这种方式是不够的，所以我们会听讲座，会进行讨论。可是我们要记住，在某个地方修行的目的在于研究自己。我们研究自己是为了能够独立。就像科学家一样，我们必须通过一些方法去做研究。我们需要老师，因为靠自己去研究自己是不可能做到的。但有一点你不要搞错，你不应该把从老师那里学到的东西误认为是自己的。跟随老师来研究自己是你日常生活中各种活动的一部分。从这个意义上说，修行和你日常生活中的活动并没有分别。因此，在禅堂里找寻你人生的意义就是要找寻你日常活动的意义。你坐禅就是为了觉察你人生的意义。

我在日本永平寺的时候，每个人都只是做着自己该做的事，仅此而已。这跟我们早上醒来就起床是一样的道理。在永平寺，我们打坐时就打坐，拜佛时就拜佛，仅此而已。在修行中，我们不会有特别的感觉，甚至不觉得自己过着一种僧侣的生活。在我们看来，僧侣生活就是平常生活，而从城市来的人才是不寻常的人。当我们看到他们时，就会觉得："哦，有些不寻常的人来了！"

但在我离开永平寺一段时间后，回来的感觉就不同了。我听到了各种各样的修行声音（钟声、僧人的诵经声等），因而感慨良深。泪水湿润了我的眼睛、鼻子和嘴巴！只有在寺院之外的人才会感受到寺院的那种氛围，而那些正在修行的人实际上是毫无感觉的。我想，一切事物都是这个道理。当我们听见风吹松树的声音时，也许风只是在吹，松树只是立在风中而已，但在树上听着风吹的人却会写出一首诗来，或者会感受到一些与众不同的东西。我想，万事万物都是这个道理。

所以，对佛法的感觉并不是重点，这种感觉是好是坏也无关紧要，佛法没有好坏之分。我们只是做自己该做的事情，这就是佛法。鼓励固然是必要的，但这种鼓励只是鼓励，它不是修行的真正目的，它只是一副药。当我们灰心丧气时，就需要用一些药；当我们情绪高昂时，就不需要用药了。你不应该把药物当成食物。有时药物是必要的，但不能把它当成食物。

因此，在临济义玄禅师提到的四种方法里，最妙的一种就是不跟弟子解释自己是什么，也不给他任何鼓励。如果我们把自己看成是肉身，那么禅理就可看成是衣服。有时我们会谈论衣服，有时我们会谈论自己的肉身，但衣服和肉身都不是我们自己。我们自己就是自性所化现的，一切万法都从自性中生起，我们所体现的只是一切万法中的一粒微尘而已。所以，谈论自己没有关系，但其实没必要这么做。在开口之前，我们就已经体现出这种包含一切万法的自性。因此，谈论我们自己的目的是纠正误解，使我们不会执着于自性一时所现的形貌和色相。我们有必要谈谈色身是什么，以及我们的内心活动是什么，这样我们就不会对这二者有所误解了。所以，谈论自己，其实就是为了忘掉自己。

道元禅师曾说："研究佛法是为了研究自己，研究自己是为了忘掉自己。"当你执着于自性一时所现的相时，那么谈论佛法就有必要了，否则你会以为这一时的表现就是自性；但这一时所现的相并不等同于自性，可同时它也是自性！它在某个瞬间是自性，但它不是一成不变的，在下一瞬间它就不是自性了。要懂得这个事实真相，就有必要去研究佛法。但研究佛法的目的是研究自己，并忘掉自己。当我们忘掉了自己，我们就是自性（实相本身）的真实状态。我们懂得了这个事实，在这个世间就没有什么烦恼了，我们就能轻松自在地享受人生。我们修行的目的就是要了解这个事实真相。

磨砖成镜

"当你成为你，禅就成为禅。当你是你时，你会看到事物的本来面目，而且你会与周围的环境合而为一。"

在你每时每刻都能活在当下之前，禅门公案对你来说是很难理解的。但如果你在每个当下都知道自己在做什么，你就会觉得公案并没有那么难。我们有许多公案。我常常跟你们提起那只青蛙，每次大伙儿都会笑了起来。但青蛙很有意思，它就像我们这样坐着，但它不会觉得自己在做什么特别的事情。当你去禅堂打坐，你可能会认为自己在做一件特别的事情。当你的先生或者太太在睡觉时，你却在坐禅！你在做着某件特别的事情，而你的另一半却那么懒！这可能就是你对坐禅的理解。但看看那只青蛙,它也像我们这样坐着,但它却不会有坐禅的观念。看看它。如果有某个东西惹恼了它,它就做个鬼脸。如果有能吃的东西跑来,它就会抓住它吃掉,边坐边吃。实际上,这就是禅坐,这不是什么特别的事情。

我在这里给诸位讲一则公案。马祖道一是一位有名的禅师,他是南岳怀让禅师的弟子,而怀让禅师则是六祖惠能的弟子。有一天,当时在怀让禅师座下修学的马祖道一正在打坐。他身材魁梧,说话时,舌头能碰到鼻子,声音洪亮,坐禅功夫想必也很了得。怀让禅师看见他就像一座大山或像一只青蛙那样打坐,就问他:"你在做什么?"马祖回答:"我在坐禅。""你为什么坐禅?"马祖回答说:"为求开悟成佛。"你们知道怀让禅师接着做了什么吗?他捡起一块砖磨了起来。在日本,从窑中把砖取出来后就会拿去打磨,让它表面漂亮一些。马祖见状就问:"师父在做什么?"怀让就说:"我要把这块砖磨成镜子。"马祖又问:"磨砖怎么可能做成镜子呢?"怀让回答说:"那坐禅又怎么能成佛呢?"怀让接着又问:"你不是想成佛吗?须知除平常心外没有佛性。如果一辆牛车不走,你是鞭打车,还是鞭打牛?"

怀让禅师此处的意思是,佛无定相,禅非坐卧。无论你做什么都可以是坐禅，真正的坐禅不只是在禅堂里打坐。如果你的先生或者太太在睡觉，那也是坐禅。如果你心里想着"我在这里打坐，而我的另一半却在睡觉"，那么即使你在这里盘腿打坐，也不是真正的坐禅。你要始终像青蛙那样，才是真正的坐禅。

道元禅师对这则公案评论道："当马祖成为马祖时，禅就会成为禅。"当马祖成为马祖时，他的坐禅才是真正的坐禅，而禅才会成为禅。什么是真正的坐禅？当你成为你的时候！当你是你时，那么不管你做什么，都是坐禅。其实就算你躺在床上，很多时候你也不是你。即使你在禅堂里打坐，我也怀疑你是不是真正意义上的你。

我在这里再给诸位讲另一则公案。山冈禅师总是会喊自己的名字。他会喊道："山冈？"然后自己回答道："是！""山冈？""是！"他独自一人住在一个小禅堂里，他当然知道自己是谁，但他有时会迷失自我。每当他迷失自我的时候，他就会喊自己的名字："山冈？"然后回答："是！"

如果我们像青蛙那样，我们就会始终是自己。但即使是青蛙，它有时也会迷失自我，做出愁眉苦脸的样子。如果有昆虫飞来，它就会用舌头一把逮住，然后吃掉。所以，我想青蛙肯定会常常喊自己。我觉得诸位也应该如此。即使坐禅时，你也会迷失自我，失去正念。当你感到困倦了或者思绪开始四处游荡时，你就迷失了自我。当你感觉到腿痛时，心里想："我的腿怎么那么痛？"这时你就迷失掉自我了。因为你迷失了自我，你的烦恼对你来说就真的是烦恼。如果你没有迷失自我，那么尽管你有麻烦，那其实对你来说都不是什么问题。你只需在烦恼中打坐；当你成了烦恼的一部分，或者烦恼成了你的一部分，那其实就没有烦恼可言了，因为你就是烦恼本身，烦恼就是你自己。如果是这样的话，就没什么可烦恼的了。

当你的生命总是周围环境中的一部分，也就是说，当你把自己唤回到当下来时，你就不会有什么烦恼了。当你开始妄想纷飞、心不在焉时，你周围的环境就不再是真实的，你的心也不再是真实的。如果你的心是迷惑的妄心，那么你周围的环境也会像迷雾一般虚妄不实。一旦你身处虚妄的幻相之中，幻相就会无有穷尽，你会陷入一个又一个虚妄的想法之中。大多数人都活在幻相之中，受到种种烦恼的缠缚，并企图解决自身的烦恼。但活着其实就是与烦恼共存。要解决烦恼就要成为它的一部分，和它合而为一。

　　因此，你会鞭打哪一个？是车还是马呢？你会鞭打哪一个？是你自己还是你的烦恼呢？一旦你开始想着自己该鞭打哪一个，就意味着你的心已经开始四处游荡了。但当你真正鞭打马时，车就会前行。事实上，车和马没有分别。当你是你时，就不存在"应该鞭打车还是鞭打马"这个问题。当你是你时，坐禅就是真正的坐禅。所以当你坐禅时，你的烦恼也会坐禅，一切万物也会跟着坐禅。只要你在坐禅，那么就算你的另一半在睡觉，他（她）其实也在坐禅。可如果你不是真正在坐禅，那么你是你，你的另一半是你的另一半，这就产生了分别心。因此，如果你自己是在真正修行，那么一切万物在同一时间也在修行。

　　这就是为什么我们总是要把自己唤回当下来，就像医生给自己叩诊一样进行自我检查。这一点非常重要，这样的修行要时时刻刻地持续下去，永无间断。我们说："夜深了，黎明就来了。"意思是指黎明和黑夜之间是没有间隔的。夏天还没结束，秋天就已来临。我们应该这样去理解我们的人生。实际上，专心一意地解决烦恼，那就足够了。你只需磨砖即可，这就是我们的修行。修行的目的不在于把砖磨成镜子。只管继续打坐就好，这才是真正意义上的修行。这不是能否成佛的问题，也不是砖能否磨成镜子的问题。带着这一认识在世间工作和生活才是最重要的一点。这就是我们的修行，这才是真正的坐禅。所以我们说："吃饭时就吃饭！"那里有什么你就吃什么。有时你没在吃饭；即使你在吃饭，你的心却游移到别处去了，你没有用心品尝口中的食物。只要你在吃饭时专心吃饭，你就不会有麻烦，一点也不用担心，这表示你就是你自己。

　　当你是你时，你就会看到事物的本来面目，就会与周围的环境合而为一。这才是你的真我，这样才是真正的修行，也就是青蛙的修行。青蛙是我们修行的好榜样——当青蛙成为青蛙时，禅就会成为禅。当你彻底地弄懂了青蛙，你就开悟成佛了，而你也会给别人（先生或太太、儿子或女儿）带来益处。这就是坐禅！

坚定不移

"懂得空性的人总能以坚定不移的意志去化解烦恼。"

今天我们要谈的是"培养你自己的精神",意思是不要向外求。这是十分重要的一点,也是修禅的唯一方法。当然,研习经典、诵经或者打坐都是禅,这类活动的每一种都应该是禅。但如果你用功或修行的方向错了,就起不了作用了。不但起不了作用,甚至还会污染你清净的本性。如此一来,你对禅懂得越多,你的本性就会污染得越严重,你的心就会堆满垃圾,受到染污。

我们通常都会从各种渠道收集信息,以为这样可以增长我们的知识。实际上,如果我们一直这样下去,最终就会一无所知。我们去了解佛法时,不应该只顾收集许多信息来增长知识。我们不是要收集知识,而是要清空自己的头脑。如果你的内心清理干净了,真正的知识就已经为你所有了。当你用一颗清净无染的心来聆听佛法时,你就会像听到已经知道的事情一样去接受它,这就叫作"空性"或"全知",也可以叫作"无所不知"。当你无所不知时,你就像一片漆黑的天空。天空绝不会因为雷电突然划过而感到意外。当闪电掠过时,就可以看到美妙的景象。当我们有了空性,就能随时准备好观赏闪电。

中国的庐山以其云雾弥漫的胜景而闻名。我没去过中国,但想必那里有着种种壮丽的山色。看着山间白云或雾气穿梭缭绕,必定十分引入入胜。尽管那里景色宜人,但中国有首诗写道:"庐山烟雨浙江潮,未至千般恨不消。到得还来别无事,庐山烟雨浙江潮。"没看到这种景致之前,总是充满向往和期盼,但身临其境之后,倒觉得这很平常。这就是我们欣赏事物的方式。

所以,你应该把知识看作已经知晓的事情那样去接受它,但这并不是说只把接收到的各种信息看作自己看法的一种附和,而是指你无须对所见所闻感到惊讶。如果你接受事物时只是把它们当作自己的回声,你其实没有真正地看清事物,没有完全接受事物的本来面目。所以读这首诗时，并不是要你在欣赏风景时回想起曾经见过的景色，说"这也没什么了不起的，我以前见过这种景致"或者"我画过比这更美的风景，庐山算不上什么！"之类的话，这不是我们的禅道。如果你随时都能接受事物原本的样子，你就会把它们当作老朋友一样去接受，即使你此刻有了全新的感觉。

我们不应该囤积知识，而应该从知识的束缚中解脱出来。如果你收集各种知识是作为一种收藏，这也许不错，但这不是我们的修行之道。我们不应该拿自己的珍藏在他人面前炫耀，也不应该对特别的事物感兴趣。如果你想充分地欣赏某个东西，那就要忘了自己，要像漆黑的夜空接受闪电一般去接受它。

有时我们认为自己不可能理解一些不熟悉的事物，但实际上没有什么是我们不熟悉的。有人会说："要理解佛法几乎是不可能的事，因为我们的文化背景差异这么大。我们怎么可能理解东方思想呢？"当然，佛法与它的文化背景是分不开的，这一点是真的。但如果一个日本的佛教徒来到了美国，他就不再是日本人了。我现在就生活在你们的文化背景之中，吃的食物跟你们几乎一样，用你们的语言来跟你们交流。即使你们并不完全了解我，但我却希望了解你们。我可能比会说英语的人更了解你们，这是真的。就算我一点也不懂英语，我还是能与人交流。只要我们活在空性之中，我们总是能理解的。

我常常说，如果你们想要了解佛法，就一定要很有耐心，但我一直想找一个比"耐心"更准确的词。日语中的"忍"通常翻译为"耐心"，但也许用"坚定不移"这个词会更加合适。耐心是你必须强迫自己才能做到，但坚定不移则无须特别去花功夫，只需始终不变地去接受事物的本来面目即可。对于不懂空性的人，这种能力看起来就像是耐心，但耐心不等于接受。而懂得空性的人，即使只凭直觉感知，也总能接受事物的本来面目。他们可以欣赏万物，无论做什么事，即使很困难，他们也总能以坚定不移的意志去化解烦恼。

"忍"是培养我们精神的方法，也是我们持续修行的方法。我们应该始终活在那片空寂的夜空中。天空始终是天空，即使有时会有云朵和闪电，但天空都不会受其所扰。即使豁然开悟，我们禅修也不为所动，这样就能随时迎接下一次开悟的到来。我们需要一次又一次地开悟，如果可以的话，最好是每时每刻都开悟。这就是开悟之前和开悟之后的境界。

沟 通

"最重要的是要真切地表达你自己，不用任何刻意、花哨的方式来改变自己。"

沟通在禅修中非常重要。因为我说你们的语言说得不太好，所以我一直在寻找某种和你们沟通的方式，我觉得这样做会有很好的效果。在禅道中，如果你听不懂师父的话，你就算不上他的徒弟。要听懂师父的话，就要了解你师父本人。当你了解他以后，你会发现他的语言不仅仅是普通的语言，更是广义上的语言，你会从师父的语言中了解到更多言外之意。

我们说话时总是会牵涉到自己的主观意图或个人情况，所以没有完美的言语，表达观点时总会出现一些偏差。然而，我们必须从师父的话语中去了解客观事实本身，即终极的事实真相。终极的事实真相不是指某种永恒不变的东西，而是指事物在每个当下的本来面目。你可以称之为"存在"或者"实相"。

以直接体验的方式去了解实相，这就是我们坐禅的原因，也是我们学习佛法的原因。通过学习佛法，你会了解到自己的人性、心智的能力以及人类活动的真相。如果你想要了解实相，可以将自己的人性考虑进去。但只有真正进行禅修，你才能直接体会到实相，才能真正理解你的师父或佛陀所说的话。严格地说，要谈论实相是不可能的，但如果你是学禅之人，你就要直接从你师父的话中去理解它。

你师父要传递的信息不一定都在口头上，他的行为举止也同样在表达他的思想。我们禅宗强调行仪。所谓行仪，不是指你应该表现出某种举止或仪态，而是指你的自然流露。禅宗强调坦率真诚。你应该忠于自己的感受、自己的内心，毫无保留地表达自己，这会使听众更容易理解你的话。

当你听某人说话时，你应该放下所有先入为主的观点和自己的主观看法，只需聆听和观察他所说的法。我们不怎么强调对与错、好与坏。我们只是跟说话者一起去看事物原来的样子，并接受它们，这就是我们与人沟通的方式。通常，你听某人说话时，你会把所听到的东西当作自己的一种回声，你实际上听到的是自己的观点。如果听到的与自己的观点相符，你就会接受它，但如果与你的观点不符，你就会拒绝接受，或者根本没有真正地听进去，这是听别人说话时的一种危险因素。另一种危险因素就是你执着于别人所说的话。如果你没有真正理解师父的话，你就很容易执着于一些涉及你的主观看法的内容，或者执着于师父这些话呈现出来的方式。你会把他所说的话仅仅当作一种论述，而没有理解这些话背后的精髓。这种危险因素无时不在。

父母和孩子之间很难有良好的沟通，因为父母总有自己的想法。他们几乎都是出于好意，但他们说话的方式或者表达自己的方式往往不是那么自在，通常过于片面且不切实际。我们每个人都有自己的表达方式，而且很难根据情况变化而改变这种表达方式。如果父母能设法根据每种情况而采用不同的方式来表达自己，在教育孩子时就不会出现问题。然而，要做到这一点相当困难。即使是一位禅师，他也有自己的表达方式。西山禅师训斥弟子时总是骂道："滚！"他的一位弟子以为真的叫他滚，就离开了寺院。但这位师父其实并非想赶走这个徒

弟，只是他习惯这么说罢了，他说的"滚！"的意思其实是
"要小心！"。如果父母有这样的语言习惯，孩子就很容
易误解他们的意思。日常生活中总会有这样的问题，所
以作为听众或弟子，你要清除掉脑海中的这些偏差。如
果满脑子充满先入为主的观点、主观意图或各种惯性思
维，你就无法接受事物的真实面貌。这就是我们禅修的
原因：要清空我们脑海里与其他事物相关的事情。

　　既要对自己自然而不勉强，又要以最恰当的方式遵
循他人的言行，这是相当困难的。如果我们想刻意地改
变自己迎合他人，就不可能表现真实自然的自己。如果
你刻意改变自己，你就会迷失自己。因此，想让自己快
乐，也让别人快乐，最重要的是要自由地表达真实的自
己，不用任何刻意、花哨的方式来改变自己。通过坐禅，
你就会得到这种能力。禅不是某种精致而特别的生活艺
术，它只是让我们始终活在真正的现实之中。每时每刻
都好好下功夫，这就是我们的禅道。准确来说，我们一生
中唯一能研究的就是我们在每个当下所做的事情。我们
就连佛陀的话也无法领会。要真正地领会佛陀的话，就
要从你每时每刻所面对的活动中去体会。所以，我们应
该全身心地专注于自己所做的事情，并要从主观上和客

观上忠于自己，尤其是忠于自己的感受。即使当你感觉不太好，你最好还是说出你自己的感觉，不要有任何执着或意图。你可以说："噢！对不起，我感觉不舒服。"这就够了。你不应该说："是你让我变成这样的。"这就太过分了。你可以说："噢！对不起，我很生你的气。"当你生气的时候，没有必要说你不生气。你只需说："我生气了。"这就够了。

真正的沟通取决于我们彼此开诚布公。禅师都很直率。如果你不能直接从师父的话中理解实相，他可能会对你当头棒喝。他可能会说："你怎么回事！"我们禅宗都非常直接。但这其实不是禅，它不是我们传统的禅法，只是我们有时觉得这种表达方式更容易达到效果。但也许最好的沟通方法就是只管打坐，什么也不说，这样你就能体会到禅的全部内涵。如果我用棍棒打你，直到我迷失了自己或直到你死去，这样还是不够。最好的方法就是只管打坐。

消极与积极

"'大心'是自然流露的，而不是思考出来的；'大心'是你本来就有的，而不是需要向外追求的。"

诸位对禅宗思想了解得越多，就越觉得它难以言说。我讲话的目的是想让诸位对禅道有一些概念，但实际上，禅不是用来讲的，而是用来修的。最好的方法就是只修不说。我们谈论禅道时很容易产生误解，因为真正的道总是有至少两面：消极的一面和积极的一面。当我们谈论消极的一面时，积极的一面就漏掉了；当我们谈论积极的一面时，消极的一面就漏掉了。我们无法同时谈论积极和消极这两面，所以我们不知道该说什么。佛法几乎是不可言说的，因此什么都不说，只管修行，这就是最好的方法。伸出一根手指，或者画一个圆圈，又或者只是叩头，如此种种，皆是禅法。

如果我们理解了这一点，就会懂得如何去谈论佛法，就能毫无障碍地进行交流。说话是一种修行，聆听也是一种修行。我们坐禅时就坐禅，要心无所求。我们要谈论某件事情就谈论某件事情，而不要试图表达一些知性而片面的观点。我们聆听的时候不要试图弄懂一些知识性的问题，也不要从片面的角度去理解。这就是我们谈论佛法和聆听佛法的方式。

曹洞宗的禅法总是有双重含义，既有积极的一面，又有消极的一面。我们的禅法兼有小乘佛法和大乘佛法的特点。我一直说我们的修行很有小乘的特色。实际上，我们是以大乘的精神来进行小乘的修行，即用轻松自在的内心去进行严格固定的修行。虽然我们的修行方式看起来非常形式化，但我们的内心并不是拘谨的。尽管我们每天早上都以同样的方式坐禅，但也不能因此就把它叫作形式化的修行。是你的分别心使它有了形式化和非形式化之分。修行本身是没有这些分别的。如果你有大乘的思想，那么人们看作形式化的东西，在你看来也可以是非形式化的。所以我们说，以小乘的方式来持戒，在大乘佛法看来无异于犯戒。如果我们只是形式上去持戒，你就丢失了大乘佛法的精神。在你懂得这一点之前，你总是有个困惑：是应该严格地遵守我们的道法，还是不应把种种繁文缛节挂在心头？但如果你彻底懂得了我们的禅法，就不会有这个困惑，因为无论你做什么都是一种修行。只要你有大乘佛法的思想，那么修行就没有大乘和小乘之分。即使你看似违犯了戒律，你实际上是真正地遵守着戒律。关键在于你用的是"大心"还是"小心"。简言之，只要你做任何事情时都不去想是好是坏，而且做事情时全身心投入进去，那么这就契合我们的禅道。

道元禅师曾说："你对别人说话而别人不接受时，不要试图让他从知性上去理解你说的话。不要与他争论，只需聆听他的反对意见，直到他发现自己的观点有误。"这番话很有意思。不要把你的观点强加给别人，而是要和对方一起思考这个问题。如果你觉得自己赢了这场辩论，你的这种态度也是错误的。不要想着在争论中取胜，你只需聆听；但如果你表现得好像自己输了，这也是错的。通常，我们说话时很容易想让别人听取我们的教诲，或者将自己的观点强加于人。但在禅宗弟子之间，说话或聆听都不会带有特别的目的。我们时而聆听，时而说话，仅此而已。就像一句早安问候，通过这种沟通，我们在道业上就能有所提升。

什么也不说也许很好，但我们没有理由一直保持沉默。无论你做什么，甚至包括你不做什么，也是一种修行，这是"大心"的一种表现。所以，"大心"是自然流露的，而不是思考出来的；"大心"是你本来就有的，而不是需要向外追求的。"大心"是可以言说的，是可以从我们的活动中体现的，也是值得我们去享有的。如果用我们的方法去持戒，就没有小乘和大乘之分。只有当你想从严格固定的修行中得到什么的时候，它才会变成你的烦恼。但如果我们把所遇到的一切烦恼都看作"大心"的表现，烦恼就不再是烦恼了。有时我们的烦恼在于"大心"非常复杂，有时烦恼在于"大心"太简单易懂了，这都是"大心"的表现。但因为你试图去弄清楚它是什么，想要将复杂的大心简单化，这就成了你的烦恼。因此，你的人生是否会有烦恼，取决于你自己的态度和自己的见解。由于真相具有双重或看似矛盾的性质，如果你有一颗大乘佛法的"大心"，要明白真相就不成问题了。这种心可以从真正的坐禅中获得。

从瀑布中体会涅槃

"生与死是一回事，如果我们意识到这个事实，我们就不再畏惧死亡，人生中也不会有真正的困难。"

如果诸位去日本参观永平寺，进入寺庙前会看到一座名叫"半勺桥"的小桥。每当道元禅师从桥下的河里取水时，他舀起一勺水却只用半勺，并把剩余的水倒回河里，而不是洒到地上，小桥因此而得名。我们在永平寺洗脸时，会用水盆接水至七分满。盥洗之后，我们会把水朝自己身体的一侧倒掉，而不会向外泼。这种做法不是出于节俭的观念，而是表达了对水的尊重。道元禅师为什么要把半勺水倒回河里，这一点也许令人费解。这种做法超出了我们平时的思维。当我们感受到了小河之美，并与河水合而为一时，我们自然就会做出与道元禅师一样的举动，那是我们的真如本性使然。但如果你的真如本性被节约或效率等观念所遮蔽，道元禅师的做法就毫无意义了。

我去过美国约塞米蒂国家公园，在那里看见了几道巨型瀑布，最高的有1430英尺，水像幕布一般从山崖上倾泻而下。瀑布的水并没有像想象中那样迅速下落，也许由于距离的关系，水似乎在缓缓地往下流动。水下落时并没有汇成一整条溪流，而是分成许多细流，从远处看就像是一幅帘幕。我想，每一滴水从那么高的山上落下必定历尽艰辛，它们需要很长的时间才能最终到达瀑布的底部。在我看来，我们的人生可能也是如此，我们一生之中会经历许多困难。但与此同时，我想水原本不是相互分开的，而是一整条河流，只有当它分散开来时，它在下落的过程中才会遇到困难。当水还是一整条河流时，它似乎没有任何感觉，只有当它分散成许多的水滴时，才会开始产生感觉。当我们看见一整条河流时，我们感受不到水是活的，但当我们用勺子舀水时，就能体会到水是有感觉的，也感受到用水之人的价值。以这种方式去感受我们自己和水，我们就无法仅仅把水看作一种物质来使用了，它是有生命的。

我们出生以前是没有感觉的，我们和宇宙是一体的，这叫作"唯识""心灵的本质"或"大心"。我们出生以后从一体之中分离出来，就像水从瀑布倾泻而下时被风和岩石分散开来一样，于是我们就有了感受。你有困难是因为你有感受。你执着于自己的感受，却不知道这种感受是如何产生的。如果你没有意识到你与河流、与宇宙是一体的，你就会恐惧。无论水是否分散成水滴，水就是水。生与死是一回事，如果我们意识到这个事实，我们就不再畏惧死亡，人生中也不会有真正的困难。

当水滴回到与河流融为一体的状态时，它就不再有个体的感受，它恢复了自己的本性，找到了那份安宁。水滴回到原本的河流中是何等快乐啊！如果真是这样，那么我们死的时候会有什么样的感觉呢？我想，我们就像勺子里的水回到河流一样，那时我们会无比地安宁。这种境界对我们来说也许太完美了，因为我们是那么执着于自己的感受，执着于自己的个体存在。对我们来说，我们畏惧死亡，但我们恢复了真如本性之后，那就是涅槃。这就是为什么说"涅槃即入灭"。"入灭"并不是一个很恰当的说法，也许说"继续""融入"会更贴切。你会尝试给"死亡"找一个更好的说法吗？如果你找到了，你就会对自己的人生有种全新的解释，那种体验就像我看到大瀑布中的水时一样。想一想！那可是1430英尺高的瀑布！

我们说："万法起源于空。"一整条河流或一整颗心即是空。当我们懂得了这一点，我们就找到了人生的真谛；当我们懂得了这一点，我们就能看到人生之美。在我们知道这个事实真相以前，我们看到的一切都是虚妄不实的。有时我们高估了这人生之美，有时则会低估或忽视了这人生之美，这是因为我们的"小心"与实相并不一致。

这个道理说起来很简单，但要有切实的体会并不容易。通过坐禅，你就会有这种体会。当你能全身心地投入打坐之中，达到身心合一、与万物合一的境界时，你就会很容易获得这种正确的感悟。你的日常生活就会焕然一新，而不再执着于对人生的陈旧错误的认识。当你懂得了这一点时，你就会发现以往的认识是多么荒谬，自己付出了多少毫无意义的努力。你会找到人生的真谛，即使你像水滴从瀑布顶端坠落到山下一样历尽艰辛，你也能享受人生。

第三部分
正确的修行见解

"我们对佛法的认识不只是知性的理解，真正的理解在于实际的修行。"

传统禅宗的精神

"如果你追求开悟，你在造业的同时也受到业力的驱使，你其实只是在坐垫上浪费时间。"

我们修行中最重要的就是身体的姿势和呼吸的方法，我们不太在意你是否对佛教有深入的理解。作为一种哲学，佛法是一套非常博大精深而坚实的思想体系，但禅宗并不重视哲学上的领悟，我们强调的是修行。我们应该弄明白打坐的身体姿势和呼吸练习为何如此重要。我们不需要对佛法义理有深入的理解，但我们要对义理有坚定的信心，因为它告诉我们众生本来皆有佛性，我们的修行就是建立在这种信念之上的。

在菩提达摩到达中国之前，几乎所有禅宗的常见词已经在使用了，比如"顿悟"。"顿悟"一词的翻译其实并不贴切，但我姑且使用这个词来表达。开悟突然而至，这才是真正的开悟。在菩提达摩到中国传法之前，人们以为顿悟需要一段漫长的准备功夫。于是，禅修就成了一种获得开悟的训练。实际上，如今许多人还是带着这种观念来坐禅，但这并不是对禅宗的传统理解。由佛陀传下来对禅的正宗理解是：哪怕没有任何准备功夫，只要你开始坐禅，开悟就在其中。不管你是否坐禅，你都具有佛性。因为你有佛性，你在修行中自会开悟。我们强调的并不是达到什么境界，而是我们要对自己的本性有坚定的信心以及对修行怀有真诚心。我们要怀着和佛陀一样的真诚心来进行禅修。如果我们原本就具有佛性，我们就必须表现得像佛陀一样，这就是我们坐禅的原因。要传承禅道就要从佛陀那里传承禅宗的精神。所以，我们要使自己的精神、身体姿势和活动与传统禅道相契合。当然，你可能会达到某种境界，但你修行的心态不应该建立在利己主义的思想上。

传统佛家思想认为，我们的本性是没有自我意识的。如果我们没有"自我"的观念，我们就能从佛陀的视角来看待人生。我们那些利己主义的想法都是妄想，只会蒙蔽我们的佛性。我们总是在不断产生和追随这些想法，当我们一次又一次地重复这个过程时，我们的人生已完全充斥着以自我为中心的观念，这样的人生就叫作"业力牵引的人生"。佛弟子的人生不应该是业力牵引的人生。我们修行的目的就是要断掉"随业而转"的心念。如果你刻意追求开悟，那就是在造业，你在造业的同时也受到业力的驱使，你其实只是在坐垫上浪费时间。菩提达摩认为，心有所求的修行只是在不断造业。由于后来许多禅师忘记了这一点，所以他们才会强调要通过修行来达到某种境界。

比追求境界更为重要的是你的真诚心。正确的努力必须建立在对传统修行方式的真正理解之上。如果你明白了这一点，你就能领会到在禅修时保持正确的姿势是多么重要；如果你不明白这一点，你就会认为坐禅姿势和呼吸方式都只是达到开悟境界的一种手段而已。如果你是后一种态度，与其盘腿打坐，倒不如去嗑药！如果我们的修行只是追求开悟的一种手段，那么你其实是无法开悟的！这样我们在追求目标时就失去踏上这条道路的意义。但如果我们坚信我们的道路，我们就已经开悟了。当你相信自己的道路，开悟就在其中。但如果你修行时无法相信当下修行的意义，你就什么也做不成。你只是心猿意马地在目标附近徘徊。你总在追求某个目标，却不知道自己在做什么。如果你想看到某个东西，你就要张开眼睛。如果你不能领会菩提达摩的禅法，你就相当于闭着眼睛却想看到东西。我们并不轻视开悟的想法，但最重要的是当下，而不是将来的某一天。我们必须在当下就努力用功，这是我们修行中最重要的一点。

在菩提达摩之前，对佛陀教诲的研究变成一门高深的佛教哲学，甚至人们还努力想要实现其所宣示的崇高理想，这是个错误。菩提达摩发现，提出某种高深的理想并试图通过坐禅来实现这种理想，这是错误的。如果这就是我们所说的坐禅，那就无异于我们平时的活动，也无异于心猿意马的状态。它看起来像是一种很好、很崇高神圣的活动，但实际上跟猴子的心一样难以安定下来。这才是菩提达摩强调的要点。

在佛陀开悟之前，他替我们体验了各种各样的修行方法，最终对各种求道之法有了彻底的认识。诸位可能会认为，佛陀达到某种境界之后就可以摆脱业力的影响，但其实并非如此。佛陀曾说了许多有关他开悟后的经历。他和我们没有任何区别。当他的国家正与强大的邻国交战时，他把自己的业力以及看见自己的国家将被

邻国国王击败时的悲痛心情告诉了弟子。如果他开悟后
业力就消失了，他就没有理由遭受这样的痛苦。而且，在
他开悟以后，他仍然像我们一样继续用功修行。但他的
人生观已不再动摇，他观察每个人的人生，包括他自己
的人生。他平等地观察自己，观察他人，就如同观察石
头、植物和别的东西。这就是他开悟后的生活方式。

　　如果我们具有遵循真理的传统精神，禅修时不带有
任何自私自利的想法，那么我们将达到真正意义上的开
悟境界。当我们领悟到这一点，我们就会在每个当下竭尽
全力地修行，这才是真正理解了佛法。所以，我们对佛法
的认识不只是知性的理解，我们的理解同时也是佛法自
身的表现，就是修行本身。只有通过实际的修行，而不是
通过阅读或思考哲学，我们才能领会佛法是什么。我们
应该持续不断地进行禅修，坚信我们的真如本性，打破
业力的枷锁，在实际修行中找准自己的位置。

无 常

"我们应该从不完美中发现完美。"

佛教的基本教义就是"无常"，也就是变化。"诸行无常"（一切都在变化），这对万物来说是基本的真理。没有人能否认这个事实真相，而佛教的一切教义都可以浓缩在其中。这是对一切众生的教导，是放之四海而皆准的真理。这条教义也可以理解为"无我"，因为一切万物都在不断变化，并没有一个恒久不变的自我。事实上，一切万物的自我本性无非就是变化本身，这是万物共有的自我本性。一切事物并没有单独特有的自我本性，这个教义也称"涅槃之教"。如果我们认识到"诸行无常"这一永恒不变的真理，并能处之泰然，那么我们便已身处涅槃的境界之中。

如果不能接受"诸行无常"这一事实，我们就无法真正做到从容自在。可惜的是，尽管事实如此，我们却难以接受。因为我们无法接受无常这一事实，于是我们就会感到痛苦。所以，苦的根源在于我们不肯接受这个真相。因此，"苦的根源"和"诸行无常"这两条佛理就是一体的两面。从主观上来看，无常是我们受苦的根源；而从客观上来看，诸行无常只是一条基本的真理。道元禅师曾说："听起来不像是强加于你的教导不是真正的教导。"这个佛理本身是正确的，它自己是不会将任何东西强加给我们的，只是因为我们受习性的影响，听到这个佛理时就像有人强加给自己一样。但无论我们对这个佛理的感觉是好是坏，它都是真实存在的。如果万物都不存在，这条真理也不会存在。佛法之所以会存在，是因为有万物的存在。

我们应该从不完美中发现完美。对我们来说，完美与不完美没有分别。永恒不变的东西之所以存在，是因为有非永恒的东西存在。在佛教看来，向外求就是外道的观点，我们不要向自己以外的东西去寻求。我们应该从自己的困境和痛苦中发现这个世间的真理，这就是佛教的基本教义。快乐与烦恼没有分别，善与恶也没有分别。恶即是善,善即是恶,善恶都只是同一个事物的两面而已。因此,开悟就在修行之中,这才是对修行的正确理解,也是对人生的正确理解。所以,在痛苦中寻找快乐是接受"无常"这一真理的唯一方法。如果不懂得如何接受这条真理,你就无法活在这个世间。即使你想逃脱"无常"的影响,那也是白费功夫。如果你认为还有其他方法可以让你接受"诸行无常"这一永恒的真理,那只是你自己的妄想。"无常"这一基本佛理就是在教导人们如何活在这个世间。不管你怎么看待这一真理,你都要接受它,你必须付出这样的努力。

因此,在我们内心强大到可以把困难当作乐事之前,我们仍须继续努力。实际上,如果你足够真诚、足够坦率,要接受这条真理并不困难。你可以稍微改变一下自己的思维方式。有时改变思维方式很难,但有时也没有那么困难。如果你正在遭受痛苦,你就会从"诸行无常"这条佛理中找到一丝欣慰。你在陷入困境的时候很容易就能接受这条佛理,那么为什么你在别的时候就不肯接受它呢?这其实是同一桩事情。有时,当你发现自己有多么自私时,你会嘲笑自己。但无论你如何看待这条佛理,改变你的思维方式并接受"无常"这个事实,这对你来说都是非常重要的。

存在的性质

"当你做一件事情时，如果你把精力都集中在该项活动上，你内心所呈现出的就是这项活动本身。当你把精力集中在自己身上，你就为这项活动做好了准备。"

坐禅的目的在于获得身心的自在。道元禅师认为，一切万物都是浩瀚的现象世界里的一道闪光。每个事物都是存在本身的另一种表现。我经常在清晨看见许多星星，这些星星只不过是遥远的天体发出的传播速度极快的光而已。但对我来说，星星并不是一些快速移动的东西，而是平静、稳定、祥和的东西。我们常说："静中有动，动中有静。"实际上，"动"和"静"是同一回事，这两者只是对同一个真实情况的两种不同解释罢了。动中有和谐，有和谐就有静。这种和谐是存在的性质，但存在的性质也无非是其自身的高速运动而已。

　　我们打坐时感觉非常宁静安详，但其实我们并不知道自己内部正在进行着什么样的活动。我们身体各个系统的活动都是完全协调的，所以我们感觉体内十分平静。虽然我们感觉不到体内的活动，但这种性质还是存在的。因此，我们没有必要为"是静还是动"而烦恼。当你做一件事情时，如果你把精力都集中在该项活动上，你内心所呈现出的就是这项活动本身。当你把精力集中在自己身上，你就为这项活动做好了准备。"动"只不过是我们存在的一种性质。当我们坐禅时，打坐的那份平静、稳定和安详就是存在所具有的活动本身的性质。

　　"一切万物都是浩瀚的现象世界里的一道闪光"，这是指我们的活动和我们的存在都是自由的。如果你以正确的方式来打坐，而且对修行有着正确的理解，那么你就能获得身心的自在，哪怕你的存在只是短暂的。在这一刻，这个短暂存在的你没有改变，没有移动，始终独立于其他事物。在下一刻，另一个你出现了，你可能会变成别的样子。严格地说，昨天的我与此刻的我没有任何关联。道元禅师曾说："木炭不会变成灰烬。"灰烬就是灰烬，灰烬不属于木炭的一部分，它们有自己的过去和未来。它们是独立存在的，因为它们是浩瀚的现象世界里的一道闪光。而且，木炭和炽热的火焰是两种相当不同的东西。黑色的木炭也是浩瀚的现象世界里的一道闪光。黑色的木炭不会同时是烧红的木炭。所以，黑色的木炭独立于烧红的木炭，灰烬独立于木柴，每种事物都是独立存在的。

今天我在洛思阿图斯打坐，明天早上我会在旧金山打坐。在洛思阿图斯的"我"和在旧金山的"我"是没有关联的，这两个"我"是颇为不同的存在，从这个角度来看，我们就有了存在的自由。而且，我和你之间是没有关联的；我在说"你"的时候，就不会有"我"的出现；而我在说"我"的时候，就不会有"你"的出现。你是独立的，我也是独立的，你和我存在于不同的瞬间。但这并不是指我们是颇为不同的存在，我们其实是同一种存在的事物。我们既相同又有所不同。这看似非常矛盾，但事实就是如此。因为我们是独立的存在，所以我们每个人都是浩瀚的现象世界里的一道闪光。当我打坐时，其他人都不存在了，这并不是说我忽略了你们的存在，而是因为我已完全与这个现象世界中的万物融为一体。所以我打坐

时，你也在打坐，万物都和我一起打坐，这就是我们的坐
禅之道。当你打坐时，万物都跟你一起打坐，于是万物构
成了你的特性。我也成为你的一部分，我融入了你的特
性之中。所以在这种修行中，我们得以从一切事物中解
脱出来。如果你懂得了这个奥秘，禅修和你的日常生活就
没有区别了，你可以随你所愿去解释一切。

一幅精美的画作是你手指感觉的结果，如果你能感
受到毛笔上墨的浓厚程度，那么这幅画在你下笔之前就
已经画好了。当你拿毛笔蘸取墨水时，你就已经知道这
幅画会是什么样的，否则你是画不出来的。所以在你做
一件事情之前，那件要做的事情就已经存在了，结果也
已经有了。尽管你看上去好像在静静地坐着，但其实你
所有的活动（包括过去和现在的活动）都包含在其中，你
打坐的结果也在其中。你根本不是静止不动的，所有的
活动都包含在你其中，那就是你的存在。因此，你修行的
一切结果都包含在打坐之中。这就是我们的修行之道，
就是我们的坐禅之道。

道元禅师在年少时便对佛法产生了兴趣。当时，他
看着母亲遗体旁的香烛冒出一丝丝青烟，因此他感受
到了人生的幻灭。这种感觉在他心中变得越来越强烈，

最终使他获得开悟，并发展出他那套深奥的哲学思想。
当他看见那炷香上冒出的青烟并感悟到人生的幻灭时，
他觉得非常孤独。这种孤独感变得越发强烈，并在他
二十八岁那年开出了觉悟之花。在开悟的那一瞬间，他感
叹道："无身亦无心！"当他说出"无身亦无心"这句话
时，他整个人变成了浩瀚的现象世界里的一道闪光，这
道光包罗万象，整个现象世界都囊括其中，成为一个绝
对独立的存在，这就是他的开悟。从对人生的幻灭产生
的孤独感开始，他对生命存在的性质有了震撼人心的体
验。他说："我已身心脱落。"因为你认为自己有身或心，
于是你就有了孤独感；但当你意识到一切万物都只是浩
瀚宇宙中的一道闪光，你就会变得非常强大，你的存在
就变得很有意义。这就是道元禅师的觉悟，就是我们的
修行之道。

自　然

"每分每秒，众生都从'无'而来，这就是人生真正的乐趣。"

人们对"自然"这个概念有个很大的误解。大多数来我们这里禅修的人都相信人要顺其自然，但他们对自然的理解却是我们所谓的"外道的自然"。"外道的自然"认为，没有必要规规矩矩，只需放任自流，随便就好。这是大多数人对自然的理解，但不是我所说的"自然"。这很难解释清楚，但在我看来，自然就是一种超然物外的感觉，或是一种基于虚无的状态。从无中所生的东西就是自然，比如从地里发芽长成一棵植物的种子。这颗种子不知道自己会成为某种植物，但它有自己的形相，而且与大地和周围环境达到一种完美和谐的状态。

随着时间的推移,它茁壮成长,表现出自己的本性。没有一样东西是没有形状和颜色的,不管是什么,万物都有其形状和颜色,而这种形与色能与周遭的一切完全和谐,这就不会产生烦恼,这就是我们所说的"自然"。

植物或石头要顺其自然是没有问题的,但对我们来说就有点麻烦,而且是个大麻烦。要让自己进入自然的状态,我们必须下些功夫。当你所做的事情是从"无"而来的,你就会有一种新鲜感。例如,当你饿了,吃东西就是自然而然的,你也会觉得很自然;但如果你想吃的东西太多了,那么吃东西就不是自然的,你没有了新鲜感,你就不会对此心存感激。

真正的坐禅,就像口渴时喝水一样,是自然的。当你困了就去小睡片刻,这也是很自然的事。但如果你只是因为懒惰而去睡觉,好像睡觉是人的一项特权一样,那就不自然了。你会想:"我所有的朋友都睡觉了,我为什么不睡? 其他人都不工作了,我为什么还那么勤奋? 他们都有那么多钱,我为什么没有? "这种想法就不自然了。你的内心和别的想法或别人的观点纠缠在一起,这样你就不是独立的,你已不是你自己,也不自然了。即使你双腿盘坐,但如果你坐禅是不自然的,也就不是真正的修行。你口渴的时候不会强迫自己去喝水，你会高高兴兴地去喝水。如果你坐禅时能感受到真正的喜悦，那就是真正的坐禅。即使你强迫自己去坐禅，但如果你从中得到一点受用，那也是坐禅。实际上，这不是强不强迫自己的问题。哪怕你修行时遇到困难，只要你想坐下去，那就是自然。

这种自然很难解释清楚，但如果你能够只管打坐，并在修行中体会"无"，那就没有必要去解释。只要是从"无"中而来的，无论你做什么都是自然的，那都是真正的活动。你会从修行中体会到修行的真正乐趣，并体会到人生的真正乐趣。每分每秒，众生都是从"无"而来的。每分每秒，我们都感受着人生的真正乐趣。所以佛教说："真空妙有。"这句话是指：奇妙的万有是从真正的空性而来的。

没有"无"就没有自然，也就没有真正的"有"。真正的"有"是每分每秒从"无"中而来的。"无"一直都在，万物都是从"无"中化现而生的。但你通常会把"无"忘得一干二净，表现得好像自己拥有了什么似的。你会如此是因为你头脑里有"物主"的概念或者具体特定的概念，这是不自然的。例如，在听讲座时，你不应该想着自己,你听别人说话时不应该带着自己的观点。要忘掉你自己的想法,专心听别人说话。心无一物才是自然,这样你才会明白别人所说的话。但如果你拿某些观点和别人所说的话作比较,你就会听得不全面,你的见解就是片面的,那就不自然了。当你在做事情时,你应该全身心地投入其中,这就是"无"的境界。所以,如果你的活动中没有真正的空性,就是不自然的。

大多数人都会坚持某种观点。近年来,年轻一代总是喜欢谈论爱情,他们满脑子都是爱情!他们来学禅时,如果我说的话不符合他们对爱情的看法,他们就不会接受。他们固执得令人惊讶!当然,不是所有的年轻人都是这样的,但有些人的态度是非常非常地强硬,这一点都不自然。虽然他们总是谈论爱情、自由或者自然,但他们并不理解这些概念,也无法理解什么是"禅"。如果你想学禅,就应该抛开所有成见,只管坐禅,看看自己在修行中会有何体悟,这就是自然。

无论你做什么都要有这种态度。有时我们会说"柔软心",那是指一颗柔顺自然的心。如果你有一颗柔软心,你就能体会到生命的喜悦;但如果你丢失了这颗心,你就会失去一切,你会一无所有。虽然你以为自己拥有了一些东西，其实你一无所有。但如果你做的一切都是由"无"而来的，那你就会无所不有。你们明白这个道理吗？这就是我们所说的"自然"。

空 性

"学习佛法时，你应该给自己的内心进行一次
大扫除。"

如果诸位想了解佛法，就要把先入为主的观念通通
忘掉。首先，你必须抛开实体或实有的观念。平常的人生
观都是牢牢地植根于实有的观念的。对大多数人来说，
一切万物都是真实存在的，他们认为自己的所见所闻都
是真实存在的。当然，我们看见的鸟儿或者听见的鸟叫
声确实存在，但我所说的"确实存在"的意思可能并非
完全如你们所想。佛教对人生的理解包括了实有和非实
有两个方面。那只鸟儿既存在又不存在。佛教认为，单纯
基于实有的人生观是外道的知见。如果你对事物看得太
过认真，认为它们具有实质性或永久性，那你就是外道。

大多数人可能都是外道。

佛教认为，真正的实有来自空性，又会回归空性。从空性中化现而生的才是真正的实有。我们必须穿过空性之门。这种实有的概念很难解释。如今，许多人（至少从知性上）已经开始觉得现代世界是空虚的，或觉得他们的文化是自相矛盾的。而从前，日本人坚信他们的文化和传统生活方式会永远存在，但自从日本战败后，他们就不怎么相信了。有些人认为这种怀疑态度糟糕透了，但实际上这种态度比原来的态度要更胜一筹。

只要我们对未来有某种明确的想法或希望，我们就无法认真地对待当下。你可能会说"这件事情我明天（或明年）再做吧"，那是因为你认为今天有的东西明天也会有。即使你没有很努力去做，但你会认为，只要你朝着某条路走下去，好的结果一定会到来。但世界上并没有哪条路能永远存在，也没有专为我们而设的路。每时每刻，我们都要找到适合自己的道路。某些由他人设定的完美想法或完美道路并不是真正适合我们的道路。

我们每个人必须走出一条真正属于自己的道路，如果你做到了，那么这条路就是一条能贯通一切的道路。这是不可思议的。当你把一件事情彻底弄明白了，你就会明白一切；而当你想要了解一切，你反而什么也弄不明白。最好的办法就是先弄明白自己，然后你就能明白一切。所以，当你努力走出属于自己的道路时，你就能帮助别人，也会得到别人的帮助。但在此之前，你无法帮助任何人，也没有任何人能帮助你。想要真正地独立，我们就要忘掉头脑中的一切，每时每刻去发现新鲜事物。这就是我们活在这个世界上的方式。

所以我们说，真正的理解来自空性。当你学习佛法时，你应该给自己的内心进行一次大扫除。你必须把屋子里的东西都搬出来，才能把屋子彻底打扫干净。如果有必要，你可以等屋子被打扫干净之后再把东西拿回屋里来。有许多东西你可能都会用得着，你可以一件一件地把它们拿回屋里去。但如果有些东西用不着了，就没有必要把它们留下。

我们看过在空中飞行的小鸟，有时我们能看见它飞过的痕迹。实际上，我们是不可能看见鸟飞过的痕迹的，但有时我们觉得好像看见了一样。这也很好。如果有必要，你应该把搬出屋子的东西再搬回去。但在你把某个东西放回屋里之前，你需要把一些东西拿出来，否则，你的屋子就会堆满了破旧、没用的垃圾。

我们说："渐渐地，我止住了小溪的潺潺流水声。"当你沿着小溪步行，就会听见流水的声音。这种声音是连续不断的，但如果你想止住这种声音，你就一定能做到。这就是自在，这就是出离。念头会一个接一个地出现在你的脑海里，但如果你想止住念头，你就一定能做到。因此，如果你能止住潺潺的流水声，你就能体会到步行带给你的感觉；但只要你有一些固有观念或者受到习性的束缚，你就无法真正地欣赏事物。

如果你追求自在，你就无法得到自在。你必须先有大自在，才能得到大自在。这就是我们的修行。我们的道并不总是朝着一个方向，我们有时候朝东走，有时候朝西走。向西走一里就意味着向东走一里。通常来说，向东走一里跟向西走一里是刚好相反的。但如果你能向东走一里，那就意味着你也能向西走一里，这就是自在无碍。没有这种自在，你就无法专注于你所做的事情。你可能会认为自己是专注的，但在你得到这种自在之前，你做事情时会感到有些不自在。因为你被向东走或向西走的观念束缚了，你的活动成了二元性的。只要你陷入了二元思维之中，你就无法得大自在，你就无法做到专注。

专注并不是要拼命看着某个东西。坐禅时，如果你试着看一个点，大概看五分钟你就会觉得累了，这不是专注。专注是指自在。所以，你不应该在任何事情上专门花功夫，也不应该专注于任何事情。坐禅时，我们说心要专注于呼吸，但这个方法其实是为了让你忘掉自己，只管打坐，并感受自己的呼吸。如果你专注于自己的呼吸，你就会忘掉自己；如果你忘掉了自己，你就能专注于呼吸。我不知道这二者孰先孰后。因此，你其实没有必要花太多功夫专注于自己的呼吸，尽力而为即可。如果你能坚持这种修行，最终你就能体会到从空性而来的真正实有。

保持正念

"正念即是智慧。"

　　《心经》中最重要的一点无疑就是空性的观念。在我们领会空性的观念之前，万物似乎都是真实存在的；但我们认识到事物的空性以后，万物就显得真而不实了。当我们意识到所见的万物都是空性的一部分，我们就不会执着于任何事物。我们意识到万物都只是一种暂时呈现的形相，从而我们懂得了每一种暂时存在的真谛。当我们第一次听到万物只是一种暂时性的存在，大多数人会感到失望，但这种失望源于我们对人和自然的错误看法。正是因为我们观察事物的方式深深地植根于以自我为中心的观念上，所以当我们发现万物只是一种暂时性的存在时，我们才会感到失望。但当我们真正认识到这个真相，就不会再感到痛苦了。

经云："观自在菩萨, 行深般若波罗蜜多时, 照见五蕴皆空, 度一切苦厄。"菩萨并不是在领悟这一真相之后才克服了苦厄, 领悟这一事实真相本身就使其从苦厄中得到了解脱。所以领悟这个真相就是解脱。我们说"领悟", 其实领悟这个真相一直都是触手可及的事。我们并不是坐禅之后才领悟到这个真相的, 我们在坐禅之前就已经领悟了。我们并不是在明白了这个真理之后才开悟的。悟道就是活着——活在当下。所以, 这不是理解或修行的问题, 而是一个终极的事实。在这部经中, 佛陀指出的是我们每时每刻都在面对的终极事实。这一点非常重要, 这就是菩提达摩教导的坐禅。我们在进行禅修之前, 就已经开悟了。但我们通常都把坐禅和开悟看成两回事: 坐禅就像一副眼镜, 我们以为戴上眼镜就能看见开悟, 这是错误的见解。眼镜本身就是开悟, 戴上眼镜也是开悟。因此, 无论你做什么, 哪怕你什么也不做, 开悟始终都在其中, 这就是菩提达摩对开悟的理解。

你无法做到真正的坐禅, 因为你有"我执", 认为是"我"在修行; 如果没有了"我执", 你就觉悟了, 那就是真正的修行。当你带着"我执"去坐禅时, 你就会生起"你""我"这样的具体概念, 也会生起"修行""坐禅"

这样的特定概念。如此一来，你和坐禅就分立于两边，你在这一边，坐禅在另一边。因此，坐禅和你就变成两回事。当你和坐禅合而为一时，这就是青蛙式的坐禅。如果认为青蛙坐着的时候才是坐禅，跳跃的时候就不是坐禅，那就是个误解。如果你真正明白"空而不空"的道理，这种误解就不复存在了。一个整体并不是万物的总和。一个整体是不能分割成各个部分的，它始终都在，始终在起作用。明白了这个道理就开悟了。因此，其实没有某种特定的修行。《心经》上说："无眼、耳、鼻、舌、身、意……"这个"无意"就是"禅心"，一切尽在其中。

在我们的认知过程中有一点很重要，那就是要有一种圆融无碍的观察方式。我们不能以停滞的眼光去思考和观察事物。我们应该欣然接受事物的本来面目。我们的内心应该足够柔软和开放，以便了解事物原本的面貌。当我们的思维是柔软的，这就叫"从容淡定的思维"。这种思维始终是安定的，这就叫作"正念"。散乱的思维不是真正的思维，我们思考时要专注，这就是"正念"。无论你有没有思考的对象，你的心应该是安定的，而不是散乱的，这就是坐禅。

我们没有必要刻意地以某种特定的方式去思考。

你的想法不应该是片面的。我们要全神贯注地思考，从容地看清事物本来的样子。只需去看，并随时准备好全神贯注地去看待事物，这就是坐禅。如果我们随时准备好去思考，就没有必要花力气去思考了，这种状态就叫作"正念"。正念同时也是智慧。我们所说的"智慧"不是指某种特别的才能或哲学思想。智慧是指一种准备好的心灵状态。所以，智慧可以是各种不同的哲学思想和学说，也可以是各种不同的研究。但我们不应该执着于某种智慧，比如佛陀传授给我们的智慧。智慧不是通过学习得来的，而是从正念中流露出来的。因此，关键是要准备好去观察万物，准备好去思考，这就叫作"心的空性"。空性不外乎是坐禅。

相信"无中生有"

"在日常生活中，我们的思想99%都是以自我为中心的。我们会问：'我为什么会有痛苦？我为什么会有烦恼？'"

我发现，我们绝对要相信有"无"的存在。这是指我们要相信世界上有一些无色无形的东西存在，即在一切有色有形之物出现之前就已经存在的东西。这是非常重要的一点。不管你信仰什么神或学说，如果你对其生起执着，你的信仰就会或多或少建立在一种以自我为中心的思想上。你寻求一种至善圆满的信仰来解救自己，但要达到圆满的境界是需要时间的，你会陷入一种理想主义的修行之中。在不断努力实现理想的过程中，你没有时间让自己的心安定下来。但如果你总是随时能把眼前的一切都看作从"无"中所生的，心中明白这一切形相的出现都有其因缘，那么你在当下便能从容自在。

如果你头痛，那一定是有原因的。如果你知道自己头痛的原因，你就会感觉好一些。但如果你不知道头痛的原因，你可能会说："哎呀，我头痛得厉害！可能是我修行不力，如果我打坐修得更好一些，就不会有这种麻烦了！"如果你这样去理解病痛，那么在修行圆满之前，你是无法对自己和自己的修行充满信心的。你拼命苦修，只怕你没有时间使自己的修行达到圆满的境界，这样你就只能一直头痛下去！这是一种相当愚蠢的修行方式，这种修行是没有效果的。但如果你相信你的头痛是有因缘的，同时如果你知道了头痛的原因，那你自然会感觉好一些。头痛没什么大不了的，因为这证明你的身体还很健康，能发出头痛的警告信号。如果你胃痛，那就证明你的胃功能还很正常。但如果你的胃已经习惯了这种不良状况，你就感觉不到疼痛，那就糟糕了！你可能会因胃病而丧命。

因此，每个人都绝对要相信有"无"的存在。但我所说的"无"不是指什么都没有。"无"其实是某种东西，但这种东西随时都准备好呈现出特定的形相，它的活动有其规律、法则或真理，这就叫佛性，即佛的法身。当它化现为人身时，我们称之为"佛"；当我们把它理解为终极真相时，我们称之为"法"；当我们接受这一真相，并依照佛陀的教化而行，我们称自己为"僧"。虽然佛有三种形式，但它是无相的，并随时能现出形相。这不只是理论，也不只是佛教的教义，这是对我们人生的一种必要认识。没有这种认识，我们信仰的宗教就帮不了我们，我们反而会被自己的宗教所束缚，并会因此而产生更多的烦恼。如果你们成了佛教的囚徒，我可能会很高兴，但你们可不会那么高兴。所以，这种认识非常非常重要。

坐禅时，你可能会听见雨水从屋檐上落下的声音。随后，迷人的雾霭会在林间弥漫；再稍后，人们出门工作的时候会看到秀丽的山色。但有的人清晨躺在床上听见雨声就会感到懊恼，因为他们并不知道自己随后会看见雨后日出的美景。如果我们的精力都集中在自己身上，我们就会有这种忧愁。但如果我们把自己看作真理或佛性的化身，我们就不会忧愁了。我们会这样想："现在正在下雨，但我们不知道下一刻会怎么样。等我们出门的时候，可能会遇上风和日丽的好天气，也可能会遇上狂风暴雨。既然我们不知道之后会怎么样，那就好好地欣赏当前的雨声吧。"这种态度才是正确的态度。如果你明白自己是真理暂时的化身,你就不会再有任何难题。即使身处困境之中,你也会感激你周围的环境,你会感激自己能成为佛陀伟大的教化事业中的一员。这就是我们的生活方式。

用佛教的术语来说,我们应该先觉悟,进而修行,再进行思考。我们的思想通常都很自私。在日常生活中,我们的思想99%都是以自我为中心的。我们会问:"我为什么会有痛苦?我为什么会有烦恼?"我们的思维中99%都是这类想法。例如,当我们开始研究科学或者读一部深奥的佛经时,我们很快就会昏昏欲睡;但当我们想着那些以自我为中心的事情时,我们总是非常清醒,而且兴致勃勃。但如果在思考和修行之前,我们先觉悟,我们的想法和修行就不会以自我为中心了。所谓觉悟,我指的是相信有"无"的存在,相信有某种无色无形的东西存在,而且它能随时化现出形与色。这种觉悟是永恒不变的真理。我们的活动、我们的思想和我们的修行都要以这个本源的真理为基础。

放下执着

"我们执着于某种美好也是佛的行为。"

　　道元禅师曾说："虽是午夜，黎明已至；黎明虽至，仍是黑夜。"这类耐人寻味的禅语体现了佛教代代相传的见解，从佛陀传给历代祖师，从历代祖师又传给道元，再传给我们。黑夜和白天没有分别，它们是同一回事，只是有时叫作黑夜，有时叫作白天。

　　禅修和日常活动也是同一回事，禅修即是日常生活，日常生活即是禅修。但我们通常会认为："现在坐禅已经结束，我们要回到日常生活中了。"这种理解是不正确的，这二者其实是同一回事，我们无处可逃。所以动中应有静，静中应有动，动和静没有区别。

　　每个事物都依赖于其他事物而存在。严格地说，没有单独存在的个体，只是同一个东西有多个叫法而已。有些佛门流派会强调万物的一体性，但我们曹洞禅不会这样。我们不会特别强调任何一点，哪怕是一体性。

"一"很珍贵，但"多"也很妙。只强调绝对的一体性而无视多样性，这样的认识是片面的。在这种认识之中，"一"和"多"是有区别。但"一"和"多"其实是同一回事，所以我们要看到每个事物中的一体性，这就是为什么我们要强调日常生活，而不是去追求某种境界。我们应该在每个当下、每个现象中看到实相，这一点非常重要。

道元禅师说："虽然万物皆有佛性，但我们爱花而不喜欢杂草。"人性就是如此。但我们执着于某种美好本身就是佛的行为，而我们不喜欢杂草也是佛的行为，我们要明白这一点。如果你明白了这一点，有所执着也没什么问题。如果是佛的执着，那就是无执。所以，爱中应有恨（或者说无执），恨中应有爱（或者说接纳），爱和恨是一回事。我们不应该只执着于爱，我们还应该接纳恨。不管我们对杂草的感觉如何，我们也应该接纳杂草。如果你不喜欢它，那你不必去爱它；如果你爱它，那就爱它吧。

　　你通常会批评自己对周围的事物不公平，你其实是批评自己那不肯接纳的态度。但一般所说的"接纳"和我们所说的"接纳"有着非常细微的差别。祖师教导我们，黑夜和白天没有分别，你和我也没有分别。这是指万物都是一体的，但我们连这种一体性也不去强调。既然是一体的，就没有必要去强调它了。

　　道元禅师说："学习就是为了了解自己，研究佛法就是要研究自己。"学习并不是要获得某个你原来并不知道的知识，你在学习之前就已经知道这个东西了。知道某个东西之前的"我"和知道某个东西之后的"我"没有分别。愚者和智者也没有分别：愚者即是智者，智者即是愚者。但我们通常会想，"他愚蠢而我有智慧"或者"我以前愚蠢，但现在有智慧了"。如果我们是愚蠢的，又怎么会有智慧呢？但佛陀传下来的见解是，愚者与智者没有任何分别。的确如此。但如果我这么说，人们就会以为我在强调一体性，其实并非如此。我们不强调任何东西，我们要做的只是了解事物的本来面目。如果我们了解了事物的本来面目，就没有什么可拿出来说的；我们无法抓住什么，也没有什么可抓住的。我们不能强调任何事物。然而，正如道元所说的："虽然我们爱花，但花总会凋谢；

虽然我们不爱杂草，但杂草总会生长。"尽管如此，可这就是我们的人生。我们应该以这种方式来体悟人生，这样就不会有烦恼了。

因为我们总是强调某一点，所以我们总会有烦恼。我们应该接纳事物的本来面目，这才是我们认识万物、活在这个世上应有的方式，这种体悟超越了我们的思维。在思维领域中，"一"和"多"是有分别的，但在实际经验中，这二者是同一回事。因为你产生了"一"和"多"的概念，你就受这些概念所束缚，你只好继续没完没了地思考这些概念，但其实你没有必要去思考。

我们在情感上有许多烦恼，但这些烦恼其实并不是烦恼，而是被创造出来的，是从我们那些以自我为中心的想法或观点中生出来的。由于我们指出了某个问题，烦恼就产生了。但实际上，我们不可能指出某个具体的问题。喜即是悲，悲即是喜；苦中有乐，乐中有苦。虽然我们在感受上有所不同，但喜与悲、苦与乐其实没有什么区别。它们在本质上是相同的，这就是佛陀传给我们的正确见解。

平　静

"对学禅之人而言，杂草即是珍宝。"

有一首禅诗写道："风定花犹落，鸟鸣山更幽。"一件事情在平静中发生，我们在此之前是感受不到这种平静的，只有当事情发生了，我们才感受到这种平静。日文中有句话叫"丛云伴月风拂花"。当我们看到月亮被云朵、树木或杂草遮住时，才会发现月亮有多么圆；但看到毫无遮挡的月亮时，我们却没觉得它有多圆。

坐禅时，你的内心一片宁静，没有任何感受，你只是坐着。但你打坐时的那份宁静会在日常生活中激励着你。所以，比起打坐的时候，你其实在日常生活中更能体会到禅的价值。但这并不意味着你可以忽视坐禅。虽然你打坐的时候没有任何感受，但要不是你有这种坐禅的体验，你平时是发现不了任何东西的。你在日常生活中只看到了云朵、树木或杂草，却看不到明月，这就是你为什么总在抱怨。而对学禅之人而言，别人觉得毫无价值的杂草却是珍宝。秉持这种态度，无论你做什么，生活都会变成一门艺术。

坐禅的时候，不要想着要获得什么。只需默默地坐着，内心完全平静，无所依靠。保持身体挺直，不要倚靠着什么东西。身体保持挺直表示不去依靠任何东西。这样，你的身心就会达到完全平静的状态。但如果坐禅时依靠某个东西或者想要做些什么，那就是二元思维在起作用，你就无法达到完全的平静。

在日常生活中，我们通常想要做些什么，想把一个东西转变成另一个东西，或者想要得到些什么。光是这种努力本身就是我们真实本性的一种表现，其意义在于努力本身。我们应该在获得某个东西之前找到我们努力追求的意义。所以，道元禅师说："我们在开悟之前应该先开悟。"我们并不是在开悟之后才体会到开悟的真正意思的。努力去做一件事情本身就是开悟。当我们身处困境或痛苦之中，我们就会有觉悟。当我们身处污秽之中，我们应该泰然处之。我们通常会觉得人生苦短，难以接受，但只有透过幻灭的人生，我们才能体会到永生的快乐。

带着这种认识去坚持修行，你就能提升自己。但如果你缺乏这种认识而去追求某个目标，你是无法把事情做对的。你在追求目标的过程中会迷失自我，结果一事无成，你只能继续在困境中受苦。但如果有了正确的认识，你就能取得进步。那么不管你做什么，哪怕这件事情做得并不完美，那也是出自你内心深处的本性，而你渐渐就会取得成功。

你觉得哪个更为重要？是开悟，还是在开悟前先开悟？是挣一百万，还是在一点一滴的努力中享受你的人生？是取得成功，还是找到你为之努力的意义？如果你不知道答案，那么你连坐禅都坐不了；如果你知道答案，你就找到了人生的真正宝藏。

是体验，而非哲学

"如果你谈论佛法是多么圆满的人生哲学或教诲时，却不知道佛法究竟是什么，那就是一种亵渎。"

虽然美国有许多人对佛教感兴趣，但其中很少有人对其清净形式感兴趣。大多数人感兴趣的是研究佛教的教义或哲学思想。与其他宗教相比，他们欣赏佛教在理性层面上是多么有魅力，能够满足人们的精神需求。但佛法在哲学上是否深刻、美妙或圆满并不是重点。保持修行的清净才是我们的目的。我有时觉得，如果你谈论佛法是多么圆满的人生哲学或教诲时，却不知道佛法究竟是什么，那就是一种亵渎。

一群人一起禅修，对佛教和对我们来说是最重要的事情，因为这种修行就是（佛弟子）原本的生活方式。不清楚事物的本源，我们就无法品鉴我们一生努力的结果。我们的努力必须有其意义。要明白我们努力的意义之所在，就要找出我们努力的本源。在弄清楚这个源头之前，我们不必去计较努力的结果。如果源头不清净，我们的努力就不清净，其结果就不会让我们满意。当我们恢复了本性，并在此基础上不断努力，我们就可以时时刻刻、日复一日、年复一年地欣赏我们努力的成果，我们就应该这样去品鉴人生。那些只执着于努力成果的人是没有机会去品鉴人生的，因为他们想要的结果永远不会到来。但如果你的努力每时每刻都来自清净的源头，那么你做的一切都会是好事，你会对自己所做的一切感到满意。

　　坐禅是一种恢复清净生活的修行，不在乎得失，也不在乎名利。我们修行只是为了保持自性的本来面目。我们不必去研究我们的清净本性是什么，因为那不是我们所能理解的。而且，我们也不去欣赏本性，因为那不是我们所能欣赏的。因此，只管以最单纯的目的去打坐，心无所求，保持我们本性的那份寂静，这就是我们的修行方式。

　　禅堂里没有花哨的东西，我们只是来打坐。坐禅结束后，我们互相交流一下，然后就回家。我们把日常生活看作我们清净修行的延续，并从中享受我们真正的生活。但这其实很不寻常。无论我走到哪，人们都会问我："佛教是什么？"他们手上还拿着笔记本，准备记下我的答案。你们可以想象得到我的感受！但我们在这里只是坐禅，这就是我们要做的事情，而且坐禅会给我们带来快乐。我们不必去理解禅是什么，我们就在坐禅，所以我们不必用理性思维去了解禅是什么。我想，这一点在美国社会是很不寻常的。

　　美国有许多不同的生活模式和宗教，所以人们很自然会谈论各种宗教的区别，并拿它们相互比较。但对我们来说，没有必要拿佛教和基督教进行比较。佛教就是佛教，它就是我们的修行内容。当我们以一颗清净心来修行时，我们甚至意识不到自己在修行。所以，我们不能拿自己的修行方式和其他宗教进行比较。有些人可能会说禅宗不是宗教，也许是的，也许禅宗是先于宗教产生的信仰。所以，它可能不是一般意义上的宗教。但禅是很玄妙的，虽然我们不从理性思维的角度去研究它，而且我们也没有大教堂或者华丽的装饰，但我们可以欣赏自己的本性，这一点在我看来是很不寻常的。

原始佛教

　　"实际上，我们根本不是曹洞宗，我们只是佛
弟子；我们甚至不是禅宗弟子。如果我们明白了这一
点，我们就是真正的佛弟子。"

　　行、立、坐、卧是佛教的四种基本活动或行为。坐禅
不属于这四种行为，而且道元禅师认为，日本曹洞宗并不
是佛教的众多宗派之一。中国的曹洞宗也许是佛教的一
个宗派，但在道元禅师看来，他所创立的日本曹洞禅法
并不是佛教众多宗派之一。如果确实如此，你们可能会
问："我们为什么要强调打坐的姿势？""为什么学禅要
有师父指导？"原因是，坐禅并不是这四种行为之一，坐
禅是一种包含了无数活动的修行，这种修行方式在佛陀
之前就已经有了，而且会永远延续下去。因此，打坐不能
与其他四种活动相提并论。

人们通常会强调某种特别的坐禅姿势或者某种对佛教的见解，他们认为："这才是佛教！"但我们不能拿我们的修行方式和一般人所了解到的其他修行方式进行比较。我们的教义也不能和其他宗派的教义作比较。正因如此，我们才需要一位不执着于任何特定佛门教义的师父。佛陀原本的教诲包含了所有的宗派。作为佛弟子，我们用功修行应该以佛陀为榜样：不执着于某种宗派或法门。但是通常，如果我们没有师父指导，而且对自己的见解感到自骄自满，我们就会丢失佛陀教诲那包含各种法门的原有特色。

因为佛陀是其教理的创始人，人们便姑且称他的教诲为"佛法"，但实际上佛法不是某种教理，佛法只是包含了各种真理的事实真相。坐禅是包含了日常生活中各种活动的修行。因此，我们其实并不只是强调打坐的姿势，如何打坐就如何做事。我们通过打坐来学习怎么做事，而打坐是我们最基本的活动，这就是我们要以这样的方式来坐禅的原因。虽然我们会进行禅修，但我们不应该自称"禅宗"。我们只是以佛陀为榜样而进行禅修，佛陀教导我们如何通过修行来做事，这就是我们打坐的原因。

　　做事、活在每个当下，都是佛陀的一种短暂活动。以这种方式打坐就是要做佛陀本尊，就是要做历史上的那位佛陀。我们做的一切都是这个道理。一切都是佛陀的活动，所以无论你做什么，即使什么也不做，佛陀自在其中。因为人们不懂得这一点，以为自己所做的事情才是最重要的，却不知道其实在做这些事的是谁。人们以为自己在做各种事情，但实际上都是佛陀在做事情。我们每个人都有自己的名字，但这些名字都是同一尊佛的众多名字而已。我们每个人都从事许多活动，但这些活动都是佛陀的活动。由于不知道这个道理，人们才会特别强调某一种活动。当他们强调禅修时，那就不是真正的禅修。他们看上去跟佛陀打坐的样子无异，但他们对禅修的理解却大不相同。他们把打坐看作人类四种基本姿势的其中一种，并且认为："我现在就采取这个姿势。"但所有姿势都是"坐禅"，每种姿势都是佛陀的姿势。这种见解才是对禅修姿势的正确见解。如果你能这样去修行，才是佛教的修行。这是特别重要的一点。

　　所以，道元禅师并没有自称曹洞宗的师父或者曹洞宗的弟子。他说："其他人可能会把我们称为'曹洞宗'，但我们没有理由称呼自己为'曹洞宗'。你们甚至不应该使用'曹洞宗'这个名字。"任何宗派都不应把自己看作一个独立的宗派，那只是佛法在某种因缘下所呈现的一种形式。但只要各宗派不接受这种见解，继续以各宗派的名字自称时，我们姑且只能接受"曹洞宗"这个名字。但我想把这一点说清楚，实际上，我们根本不是曹洞宗，我们只是佛弟子；我们甚至不是禅宗弟子，而仅仅是佛弟子。如果我们明白了这一点，我们就是真正的佛弟子。

佛法无处不在。今天下雨了，这也是佛法。人们认为自己的修行方式或宗教见解都跟佛陀一样，却不知道他们所见所闻、所做之事、所在之处皆是佛法。宗教信仰不是某种特定的教法，它无处不在。我们应该这样去理解法，我们应该忘掉某一种法，不应该去问孰好孰坏。法无定法，法就在当下，在万物之中，这才是真正的法。

意识之外

"在妄想中修出清净心就是修行。如果你试图驱除妄想，妄想只会停留得更久。你只需提醒自己：'哦，这只是妄想。'不要受其所扰。"

我们应该在没有修行和觉悟之处起修。只要我们禅修时有修行和觉悟的意识存在，我们就不可能完全静下心来。换句话说，我们必须坚信自己的真如本性。我们的真如本性超出了我们的意识体验范围。只有在意识体验中，我们才会有修行与开悟、好与坏之分。但不管我们能否体会到自己的真如本性，这种在意识之外的东西确实存在，而我们正是要把修行的基础建立在意识之外的本性上。

即使你心中怀有善念，那也不见得是好事。佛陀有时会说："你应该这样，你不应该那样。"但把他的话太放在心上也不太好，那会成了你的一种负担，而你也可能会感觉不太自在。实际上，善恶好坏并不是重点，关键是你能否静下心来，能否保持住这份平静安详。

当你的意识中有些东西存在的时候，你就无法做到完全从容自在。要做到这一点，最佳的办法就是忘掉一切。这样，你的心就平静了，而且你的思维开阔而清晰，毫不费力地就能看清并觉知事物的本来面目。找到这份从容自在的最佳办法就是：不管是什么事情，都不要放在心上——把事情通通忘掉，不留下任何思考的痕迹。但如果你刻意止住念头，或者试图超越你的意识活动，那只会成为你的另一个负担。"我在修行时要止住念头，但我做不到，我修得不太好"，这种想法也是错误的修行方式。不要刻意止住念头，而要顺其自然，这样脑海中的事物就不会停留很久。事情要来就来，要走就走。最终，你那颗清澈虚无的心就可以保持很久。

所以，要坚信自心原本的空性，这是修行中最重要的一点。在佛经中，我们有时使用大量的比喻来描述这颗空的心。有时我们用数不清的天文数字来形容它，意思就是让我们不要去计算。如果数字大到数不过来，你就不会有兴趣再数下去了。这种描述也可能会使人对数不清的数字产生兴趣，从而使你不再用那颗"小心"来思考。

但只有在坐禅时，你才会对心的这种空寂状态有最纯粹、最真实的体验。事实上，心的空性并不是一种心的状态，而是佛陀和六祖惠能都体会到的心的本质。"心的本质""本心""本来面目""佛性""空性"，所有这些词都是指我们内心的绝对平静。

你们都知道身体要如何休息，却不知道精神要如何休息。虽然已经躺在床上，但你们的心仍然是忙碌的；即使睡着了，你们的心还在忙着做梦。你们的心总是处于紧张的活动状态中，这就不太好了。我们要懂得如何放下自己那颗思考的心、那颗忙碌的心。我们要坚信自心的空性，这样才能超越自身的思考机能。当我们坚信内心可以达到绝对的宁静的，我们就能恢复原本清净的状态。

道元禅师曾说："应在妄想中起修。"即使你认为自己是在妄想之中，你的清净心仍然在。在妄想中体会清净心就是修行。如果你在妄想中有清净心，妄想就会消失。当你说"这是妄想"时，它就会无地自容地溜走。所以，你要在妄想中起修，有了妄想就是修行的契机。当你识破了妄想时，这其实就是开悟。尽管你没有意识到，但你已经开悟了。如果你试图消除妄想，妄想只会停留得更久，你的心要对付这些妄想，就会变得越来越忙碌，这就麻烦了。你只需提醒自己："哦，这只是妄想。"不要受其所扰。当你只是在观察妄想时，你的那颗真心、那颗安定祥和的心就显现了；而当你开始对付妄想时，你就会陷入妄想之中。

因此，不管你是否达到了开悟的境界，只管打坐就足够了。如果你刻意追求开悟，你就会给内心带来很大的负担，你的心就不够澄澈，无法看清事物的本来面目。如果你真的看清了事物的本来面目，你就会看到事物应有的样子。一方面，我们要开悟，因为按理本应如此。但另一方面，只要我们有肉身，我们实际上很难开悟，因为当下的真实情况就是如此。但如果我们开始打坐，我们本性的这两个方面都会被唤醒，我们就能看清事物当下和应有的样子。因为我们目前不够好，所以想要变得更好，但当我们达到了超然物外的境界，我们就会超越事物当下和应有的样子。在本心的空性中，它们是同一回事，懂得了这一点，我们便能体会到完全的从容自在。

　　宗教通常是在意识层面上发展起来的，途径包括不断完善其组织，修建美观的建筑，创作出音乐，发展一套思想体系等，这些都是意识层面上的宗教活动。但佛教强调的是无意识的境界。发展佛教的最佳方法就是打坐——只管打坐，同时坚信我们的真如本性。这个方法比阅读佛教经论或研究佛学思想要好得多。当然，研究佛学思想是有必要的，因为这能增强我们的信念。佛学思想具有普遍意义，而且合乎逻辑，所以它不仅是佛教的哲学，还是有关生命本身的哲学。佛法的宗旨是指向生命本身，它超越了意识并在我们清净的本心之中。佛教所有的修行都旨在守护这一真理，而不是为了以玄妙的方式来宣传佛教。所以，当我们讨论宗教时，就应该用最平常、最普遍的方式来进行。我们不应该通过玄妙的哲学思想来弘扬禅道。在某些方面，佛教显得相当好辩，给人一种富有争议的感觉，这是因为佛教徒必须防止他人对佛教作出神秘、玄奥的解释。但哲学讨论并不是理解佛教的最佳方法。如果你想做一名虔诚的佛教徒，最好的方法就是打坐。我们能够有一个场地像这样在一起打坐，真是非常幸运。我希望你们能对"只管打坐"的坐禅方法有着坚定不移的信念。只管打坐，这就够了。

佛陀的觉悟

"如果你为自己的成就感到骄傲，或者因自己的努力太理想化而感到气馁，那么你的修行会像一堵厚墙将你禁锢其中。"

今天是佛陀成道的纪念日，我很高兴能来到这里。当年佛陀在菩提树下开悟时说："奇哉！一切万物、一切众生皆有佛性。"他的意思是，当我们坐禅时，我们就有佛性，我们每个人都是佛。他所说的"修行"，不只是在菩提树下坐着或者双腿盘坐。诚然，这个姿势是我们坐禅的基本姿势或最原始的方式，但实际上佛陀的意思是，山峰、树木、流水、花草等一切万物通通都和佛一样。这意味着一切万物都以自己的方式进行佛的活动。

但是，万物并不能在自己的意识领域中去理解自己存在的方式。我们所看见的、所听到的都只是自身真实情况的一部分或是一种有限的认识。但当我们每个人只是以各自的方式存在时,我们所呈现的就是佛本身。换句话说,当我们进行禅修之类的修行时,佛道或佛性就在其中。如果我们问佛性是什么,佛性就会消失;而如果我们只管坐禅,我们就能完全体会何为佛性。理解佛性的唯一方法就是坐禅,就是重现自己的本来面目。所以,佛陀所说的"佛性"就是超越意识,重现自己的本来面目。

　　佛性就是我们的本性,在我们坐禅之前以及在从意识层面上认识到佛性之前,我们就已具有佛性。所以从这个意义上说,我们所做的一切都是佛陀的行为。如果你刻意要理解佛性,那么你是无法理解的;而当你不再刻意去理解它时,正确的见解自然就浮现了。坐禅之后,我通常会跟大家讲讲话,可是大家来这里不仅仅是为了听我讲话,更是为了坐禅,我们决不能忘记这一点。我跟大家讲话是为了鼓励诸位以佛陀的方式去坐禅。虽说你有佛性,但如果你还在犹豫要不要坐禅,或者无法承认你自己就是佛,那么你既理解不了佛性,也理解不了坐禅。但当你以佛陀的方式来坐禅时,你就会理解什么是禅道。我们不会讲太多，但通过我们的禅修活动，我们会在有意无意之间互相沟通。不管是言语上的还是非言语上的沟通，我们都应该时刻留意彼此之间所传递的信息。如果忽视了这一点，我们就会丢失佛教最重要的一点。

无论在哪里，我们都不要丢失这种生活方式。这种方式就叫"做佛"，或者叫"做老大"。不管你走到哪里，你都应该做周围环境的主人。这是指不要迷失自己的方向。所以，做到这一点就叫作"佛"，因为如果你能始终如此，你就是佛本身。不刻意去做佛，那么你就是佛，这就是我们开悟的方法。想要开悟，就要一直与佛同在。通过坚持不懈地修习坐禅，我们就会领悟这个道理。但如果你忘了这一点，并为自己的成就感到骄傲，或者因自己的努力太理想化而感到气馁，那么你的修行就会像一堵厚墙将你禁锢其中。我们不应该用一堵自己筑的墙来限制自己。因此，当坐禅的时间到了，就起床去和你的老师一起打坐，跟他聊聊，听他讲话，然后回家，这点点滴滴都是我们的修行。这样，不去想自己所获得的成就，那么你永远都是佛。这就是真正的坐禅。如此一来，你就会明白佛陀开悟后所说的第一句话（"一切万物、一切众生皆有佛性"）的真正意思。

跋

禅心

"雨停之前，我们就能听到鸟儿的声音；即使下着大雪，我们也能看到雪花莲和刚萌发的一抹新绿。"

在美国，我们无法用日本的那套方法来界定禅宗信徒。美国的学禅之人既不是出家僧人，也不完全是在家居士。我是这样理解的：诸位不是出家僧人，这没什么问题，但诸位也不是正式的在家居士，这就比较难办了。在我看来，你们是特殊的人群，想要的是某种专属的修行，既不是出家僧人的那种修行，也不是在家居士的那种修行。你们正在寻找一种合适的生活方式。我想，这就是我们的禅修团体。

　　但我们也必须了解最初尚未划分宗派之前的佛教采用的是何种修行方法,以及道元禅师采用的是何种修行方法。道元禅师曾说,有人可能会开悟,有的人则未必。我觉得这句话很有意思。虽然我们都采用相同的修行方法,进行的方式也一样,但是有的人可能会开悟,而有的人则未必。即使我们没体验过开悟,如果我们对修行的态度和见解是正确的,并以正确的方式来打坐,这就是禅。重点是要认真修行,要对"大心"有一定的了解并坚信不疑。

　　我们说"大心""小心""佛心"和"禅心",这些词都有一定的含义,但我们不能也不应该凭借经验来理解这些词的意思。我们谈到开悟的体验,但这种体验是无法用好与坏、时间与空间、过去与未来进行描述的,它是超越了上述种种分别和感受的体验或意识境界。所以,我们不应该问:"什么是开悟体验?"提出这样的问题就意味着你还不知道禅的体验是什么。开悟是无法用平常的思维方式求得的。当你不用这种思维方式去思考时,你才有可能体会到禅是什么。

　　你必须相信"大心",它不是你能客观体会得到的,"大心"一直都与你同在,一直在你身边。你的眼睛与你同在，但你看不见自己的眼睛，你的眼睛也无法看见自己。眼睛只能看外界的客观事物。如果你反思自己，那个自己就不再是真实的你自己了。你无法把自己当成客观事物来进行思考。一直与你同在的那颗心不只是你的心，它是一颗普遍存在、无异于别人的心，它始终如一。它就是禅心——一颗无比宏大的心，它是你所见的一切。你的真心总是与你所见的一切同在。虽然你不识得自心，但它一直都在，在你看见东西的那一瞬间，它就已经存在了。这很有趣。你的心总是与你所观察的东西同在。由此可见，这颗心同时即是万物。

真心就是观照的心。你不能说："这是我的自我、我的'小心'或者有限的心，而那是'大心'。"这样就会局限了你自己，限制了你的真心，把你的心物化了。菩提达摩曾开示："欲观于鱼，未见鱼，而先见水。"实际上，当你见到水的时候，你就会见到真正的鱼。在你见到佛性之前，你要先观察你的心。当你见到了水，真如本性就在其中。当你说出"我坐禅坐得很差"这句话时，你的真如本性就现前了，但你却傻傻地没有意识到，你故意忽视它。你用来观察自心的这个"我"非常重要，这个"我"不是"大我"，而是那个永远静不下来的"我"，是总在广阔的空中展翅飞翔的"我"。我所说的"翅"是指思想和行为；广阔的天空是家，是"我"的家；既没有鸟，也没有空气。当鱼在游的时候，水和鱼都是鱼，除了鱼以外，什么都没有。诸位明白了吗？你无法通过活体解剖找到佛性。实相是无法被思考或感觉的心捕捉到的。时时刻刻观察你的呼吸，观察你的姿势，这就是真如本性。除此之外，禅没有什么奥秘。

我们佛教徒没有唯物或唯心的观念，不会认为物质是心的产物，也不会把心看作存在的一种属性。我们总在讲，身与心、心与物质始终是一体的。但如果你听得不仔细，就会以为我们讲的是存在的某种属性、"物质"或者"精神"。但实际上，我们是在指出那颗真心。开悟就是要认识清楚这颗虽然看不见但始终与你同在的心。诸位明白了吗？如果你以为开悟的体验就好像看见天上的一颗璀璨的星星，那就错了，这种理解简直就是外道之见。你自己可能没有意识到，但在这种理解中，你着相了。你可能有许多这样的"开悟"体验，但其实都着相了，仿佛当你坐禅坐得好时，就会发现那颗璀璨的星星。这就是自我与客体的观念，这不是寻求开悟的方法。

禅宗以我们的真实本性为基础，以我们在修行中自然流露的真心为基础。禅并不依赖于某种教理,也不会以教理来取代修行。我们坐禅是为了体现我们的真如本性,而不是为求开悟。菩提达摩的禅法就是使自己与修行、开悟合一。最初,这可能是一种信念,但后来禅宗弟子确实体悟到了这一点。身体上的修行和禅修的规矩并不容易理解,对美国人来说更是如此。你们所理解的"自由"主要是指身体或行动的自由,这种观念导致你们精神受苦、丧失自由。你们觉得要限制自己的思维,并觉得自己有些想法是多余的、痛苦的、混乱的,但你们却不会想到要限制自己身体的活动。正因如此,百丈怀海禅师才在中国建立起禅宗丛林的生活仪轨。他倡导要体悟那颗处处自在的真心。禅心就是在以"百丈清规"为基础的禅宗生活中世代相传的。

我认为,作为一个美国的禅修团体,我们要仿效百丈禅师的做法,制定一套适合美国的禅修生活方式。我这么说并不是开玩笑的,而是很认真的,但我又不希望太过认真。如果我们太过认真,就会迷失正道;但如果太过儿戏,也会迷失正道。凭着耐心和毅力,我们一定要慢慢找到适合我们自己的生活方式,找到与他人、与自己的相处之道。这样,我们就有自己的一套戒律。如

果我们勤于修行,并能组织好自己的生活以便能好好打
坐,我们的生活就会过得明明白白的。但我们在制定这
些道场规矩和生活规范时要小心谨慎,太严格的话就难
以遵守,太宽松的话就起不到作用。我们这套规范应该
严格得让人人都服从领导,但同时也应该是人们能够遵
守的。禅宗的传统就是这样在修行中渐渐确立下来的。
我们不能有任何强迫。一旦规矩建立,我们就应该完全
遵守,除非规矩有变。这不是好或坏、方便或不方便的
问题,你只需毫无异议地遵照执行。这样,你的心就自在
了。重点是不带分别心地去遵守这些规矩,这样你就会
体悟到清净的禅心。建立我们自己的修行生活方式,其
意义在于鼓励人们去过一种更有灵性、更充实的人类生
活。我想,有朝一日你们一定会建立起一套适合美国的
禅修生活仪轨。

　　领会清净心的唯一方法就是修行。我们内在的自性
需要一些媒介、一些途径使其得以展露。我们建立禅修
生活的规矩就是要回应这种最深层的需求,而历代的祖
师都透过清规向我们展现出他们的真心。通过这种方
法,我们就会对修行有一个正确而深入的理解。我们必
须更多地去体验修行,至少要有一些开悟的体验。你必

须对那颗一直与你同在的"大心"坚信不疑，要把万物看作"大心"的体现来加以欣赏。这不仅仅是一种信仰，更是你无法否认的终极真相。不管修行起来是难是易，也不管理解起来是难是易，你都非修不可。出家还是在家并不是重点，通过修行在当下恢复你的真如本性，恢复那个始终与万物同在、与佛同在的你，恢复那个得万物扶持的你，这才是重点。你也许会说这不可能做到，但其实是有可能的，哪怕你只是在一瞬间做到了！就是这一瞬间！你在这一瞬间做到了，就意味着你总是可以做到。如果你有这份信心，这就是你的觉悟体验。如果你对自己的"大心"有这样的坚定信心，虽然你还没有开悟，但你已经是一位真正的佛弟子了。

这就是为什么道元禅师说："不要以为所有坐禅的人都能参透这颗始终与我们同在的心。"他的意思是，如果认为"大心"是在心外、在修行之外，那就错了。"大心"总是与我们同在。我一再重复同一个问题，就是担心你们听不明白。禅不是专为那些能盘腿打坐或极具善根的人而设的。众生皆有佛性，我们每个人都必须找到证得真如本性的方法。修行的目的就是要亲证众生皆有的佛性，你做的一切都应该是对佛性的直接体验。佛性是指觉察佛性，你应该扩大心量、普度一切有情众生。如果我的话还不足以让你们觉醒，我就要给你们当头棒喝，那样你们就会懂我的意思了。如果你们当下没有明白我的意思，但总有一天会明白的。总有一天会有人明白。听说有个岛正从洛杉矶的海岸缓缓地漂移到西雅图，我会等着它。

我觉得美国人（尤其是年轻人）很有可能找到适合人类的真正生活之道。你们基本不受物质的牵绊，而且带着一颗清净心、一颗初心迈入禅修之门。你们能够正确地理解佛陀的教诲，但不可执着于自己的国别，执着于佛法，甚至执着于修行。我们必须有一颗初学者的心，一颗不去占有的心，一颗明白诸行无常的心。万物都只是暂时以当前的形相存在而已。万物流转变幻，是无法抓住的。雨停之前，我们就能听到鸟儿的声音；即使下着大雪，我们也能看到雪花莲和刚萌发的一抹新绿。在东方，我可以看到食用大黄。在日本，我们在春天就能吃到黄瓜。